教育ZEN問答

N高をつくった僕らが大学を始める理由

川上量生

株式会社ドワンゴ顧問

843

中公新書ラクレ

はじめに
――教育はビジネスで善くなる！

Ｎ高等学校設立に関わるまで、僕は教育の素人でした。

Ｎ高設立の言い出しっぺは、僕ではありません。２０１４年の夏、ドワンゴの役員会で、「ドワンゴと一緒に学校をつくりたい」というプレゼンが社外（当時）のメンバーからありました。

当時、会長だった僕は、「川上さん、どうですか」と聞かれ、「うん、やろう」と即答しました。しかし、それはプレゼンを聞いている途中で考えが変わっただけでした。

プレゼンの最初に「高校をつくる」と聞いたときは、正直なところ「えっ、どうして？」と思いました。ＩＴ企業のドワンゴがなぜ高校をつくるのか。この企画は潰そうと考えていました。でも話をよく聞いてみると、今の不登校の子たちの多くが、インターネットにハマっていて、ニコニコ動画のヘビーユーザーだと知ったのです。それを聞いて、「ああ、確かにそうかもしれない」と納得しました。

そんなネットネイティブの10代の彼らが本当に通いたいと思える高校をつくれるのは、もしかしたら僕たちだけなのかもしれない。同時に、ニコニコ動画をつくる会社の学校だったら、行ってもいいという子がいるんじゃないか。

それなら僕らがつくる意義がある。

そう確信しました。

当時、不登校の子たちが「行きたい」と思える通信制高校はほとんどありませんでした。それだけでなく、友だちに「自分はあの高校に通っている」と胸を張って言えるような通信制高校もなかった。だからこそ、ニコニコ動画を見ているような子どもたちが「通いたい」と思える高校をつくることは、彼らにとっての新しい居場所をつくることになるし、むしろ僕たちが本気で取り組むべきことなんじゃないかと思えたのです。

そもそも、ドワンゴはこれまで世間のイメージを変えるようなチャレンジを続けてきました。たとえば、ニコニコ動画が政治を議論する場になるなんて、最初はだれも想像していなかった。そういう、だれも考えなかったものを形にすることには、僕たちは自信があります。

以来、10年以上にわたって教育事業にどっぷりと浸かり、今では教育業界は天職ではないかと思うまでに至りました。

現在の教育には、改善が必要な部分がたくさんあります。

本来、教育は最先端の技術や知識を駆使して進化していくべき分野のはずです。国の叡智《えいち》を結集して、制度とインフラの両方に力を入れて構築すべきなのが教育という分野であるはずなのに、現実はそうなっていません。

むしろ、長い間変わらなかったせいで、教育は「ローテク」になってしまいました。現代の情報テクノロジーを駆使しているどころか、いまだにアナログなやり方が主流になっている状態です。こういった課題に対して、僕たちのようなＩＴ企業だからこそ貢献できることが数多くあります。

教育格差も大きな問題です。一流大学の学生の親は、平均年収が世間一般より高いというデータが出ています。幼少期からお金をかけて教育されてきた一部の子どもたちが、そのまま一流大学へ進学するような状況ができ上がってしまっています。機会の平等など、おとぎ話にしか聞こえないほどです。

学校現場の課題として、教員の過重労働も大きな問題です。現在、多くの先生が、事務作業に追われ、生徒と向き合う時間が取れないと悲鳴を上げています。

数え上げればキリがありませんが、僕たちはN高、そして2025年4月に開学したZEN大学を通じて、教育業界が抱える病理や課題を本気で解決していこうと思っています。

教育事業は「善をなす」ことが、そのままビジネスの成長にもつながる稀有な業種です。それはとても痛快だし、大きなやりがいを感じています。

本書は、N高やZEN大学を宣伝することが目的ではありません（そもそもタダで読める学校パンフレットを、お金を払って買おうと思う読者はいないでしょう）。その取り組みを通じて、現代の日本の教育が抱える問題点をお伝えし、問題解決のサンプルとして

N高やZEN大学の「つくり方」や教育の中身を提示しています。

具体的には次のような構成になっています。

1章では、N高がいかに従来の通信制高校のイメージを覆したかを説明しています。N高をつくったドワンゴの風土や具体的な学校設計、そしてプロモーションや営業の方法について具体的に語っています。僕らは戦略的にN高というブランドを磨き上げてきました。その方法論を包み隠さず伝えます。

2章では、「N高は生徒になにを提供しているのか」ということに焦点を当てています。質の高い教材や授業を用意するのは当たり前で、それだけでは生徒は変わりません。本章を通じて、高校生にとって大事な学びとはなんなのかということを考えてみたいと思います。

3章は、2025年4月に開学したZEN大学のめざす教育や研究を紹介するパートです。現代日本の大学教育が抱える矛盾や課題に対して、僕たちがどのような「解」を与えようとしているのかをお伝えします。

社会になんらかの「善をなす」ことを根本の理念として掲げている企業はたくさんあります。僕はそういう企業理念だとか経営理念というのが昔から大嫌いでした。なぜなら、企業の存続のために一番重要なのは利益を上げることのはずで、それよりも「善」が大事という説明が、どうしても欺瞞《ぎまん》やごまかしにしか聞こえなかったからです。本当に「善」に向き合って、物事を決めていたら、会社なんてすぐに倒産するでしょう。「善」の理念の追求を手抜きしているから、その企業は潰れずに存続しているはずです。だったら、そんなことを最初から言わなきゃいいのに、と思います。

ところが、教育事業においては、「善をなす」ということが、事業の存続と拡大にとっても一番重要であるという、一筋の可能性が存在する。そのことに気づいたのです。

およそ資本主義の世の中において、ただ、善いことをした結果として、ビジネスで成功することができたのだとしたら、それはきわめて痛快です。そういう組織で働けるスタッフも、なんと幸せなことでしょう。世の中にはそんなことができるとは思っていない人も多いですが、今のところは、僕らは上手くやれています。この痛快な奇跡がいつまで続くかはわかりませんが、続くかぎりは、僕の人生は教育事業に捧げよう。ひょっとすると、これが僕の手掛ける最後の事業になるかもしれないなと、そんなことを最近は思っています。

目次

3章 キャンパスは無限大
——ZEN大学がめざすこと

編集協力／斎藤哲也
図表作成・本文ＤＴＰ／今井明子

教育ZEN問答

N高をつくった僕らが大学を始める理由

1章

「未来のエリート校」のつくり方

ドワンゴの風土が生んだN高の独自性

僕は現在、株式会社KADOKAWA取締役と株式会社ドワンゴ顧問、そして学校法人角川ドワンゴ学園理事という立場で、N高グループ（N高等学校・S高等学校・R高等学校）と、ZEN大学の運営に関わっています。

N高は2016年4月に、KADOKAWAとドワンゴが、インターネットと通信制高校の制度を活用して創立した「ネットの高校」です。その後、2021年にS高が設立され、2025年4月にはR高が開校しました。

2025年3月31日現在、N高グループの生徒数は3万2613人にのぼります。3つの高校は名称と本校所在地が違うだけで、教育の中身は同じです。だから以後、「N高」と書いている場合、多くはN高グループのことだと考えてください。

最初に、N高の特徴や性格について、これまであまり語られてこなかった角度からお話ししましょう。それは運営するドワンゴという会社の風土が、少なからずN高の校風を形づくっているということです。

ご存じのようにドワンゴはＩＴ企業です。ＩＴ企業が学校を運営すると聞けば、多くの学校教職員は顔をしかめるかもしれません。「教育を金儲けの道具にするな」と思う教職員もいるでしょう。

しかしこれからお話しするように、ドワンゴは教育について、既存の学校よりも深く真剣に考えている自信があります。少なくともオンライン教育に関してはそうです。そのことを理解してもらうために、「ドワンゴとはどんな会社なのか」という話から始めましょう。

もともとドワンゴは、オンライン上の友だちが集まってつくった会社でした。設立当初はお互いの本名も知らず、お互いをハンドルネームで呼び合っていました。出社しても、隣の席の社員と、目の前にいるんだから直接話せばいいのに、わざわざチャットで会話をするというのが当たり前という文化です。リアルの人間関係がネットに移行したわけではなく、ネットの人間関係の一部がリアルに移行した。そういうネットネイティブの最初の世代がつくった、おそらくは日本最初の上場企業なのです。

こんなふうにスタートした会社なので、通信制高校についての考え方も、世間とはまったく違います。ここは非常に重要なポイントです。ほとんどの通信制高校には、「全日制高校に通えなかったかわいそうな生徒の面倒をみてあげる」という考えが根底に潜んでいます。表向きは「通信制でもいい」と言いつつ、本音では全日制に行くのが本道だと考えている。

でもN高は違います。N高をつくったドワンゴ社員は、「これからはオンラインの学校が本流になる」と本気で考えている。他ならぬドワンゴ自体がオンラインの友だち同士でつくられた会社だからこそ、オンラインの学校という概念が簡単にイメージできるのです。

僕が1997年に設立したドワンゴは、2003年に東京証券取引所マザーズに株式上場を果たし、その翌年には東証一部に上場しました。オンラインのコミュニティから東証一部上場企業がつくれたのだから、同じようにオンラインのコミュニティを中心として学校をつくるだけです。夢想家の未来予測としての、空想上の理想のオンラインの学校ではなく、具体的に生徒のイメージを描きつつ、利点と欠点と限界も予想した上での現実的なオンラインの学校を、僕らは設計することができたのです。

また、通信制高校に通う生徒の多くを占める不登校生についての考え方も、ドワンゴの社員は違っていました。ドワンゴが上場した当時、社員はパソコンとネットにハマりすぎて、プログラミングはできても、高校や大学を途中で退学した人ばっかりでした。その結果、上場した時点で、開発部門の部長陣の最終学歴はなんと半数が中卒でした。開発のトップの本部長は少し学歴があって高卒でした。大卒の管理職は、むしろ少数派です。実際のところ、プログラミングの知識や実力だけを比較すると、学校へも行かずに毎日プログラミングばかりしていた中卒や高卒のエンジニアに、余計な勉強もやっていた大卒エンジニアが勝てるわけがないのです。同じ年齢だったら、中卒や高卒エンジニアのほうが大卒よりも上というのが当たり前。そういう価値観を持っている社員がたくさんいたのがドワンゴです。

そうなると不登校生への見方も世間と変わってきます。世間一般では「不登校生というのは社会の落ちこぼれ」と思う人が大多数でしょう。でも、ドワンゴ社員にとっては、むしろ、不登校生とは「見どころのある奴」ということになります。きっと学校のくだらない勉強の代わりに、なにかとびっきりのスキルを持っているはずです。

N高は、学校に行かずプログラミングばっかりしていたからこそ人生が成功したドワンゴ社員によって、多くの部分が設計されています。そんな彼らが、こういう高校だったら、登校してあげてもよかった、そう思うような理想の学校になっています。実際に、N高のプロジェクトに参加したエンジニアの一人は、インサイダーの特権を活かして、N高の学籍番号1番を取得しました（笑）。彼は中卒でしたが、N高で学び、晴れて高卒になりました。

「ネットの高校」は生徒の人生を変える

上場当時のドワンゴ社員から、こんな言葉を何度か聞きました。

「東証一部上場企業に裏口入学させてもらえた」

もしかしたら、自分は社会から落ちこぼれていたかもしれない。ところがネット好き、プログラミング好きが幸いしてドワンゴに入社したことで、上場企業の社員になれてしまった。彼らとしては「裏口入学」したような感覚があったのでしょう。

ドワンゴに救われたと思っている社員の中には、自分もだれかを救おうとする社員もあらわれました。

たとえば、上野駅周辺でホームレスの人に声をかけ、自分の部屋に住まわせる。地方から家出同然で東京にやってきてネットカフェで「おなかが空いた」と書き込んでいる高校生を連れてきたこともありました。そして勝手に人生相談に乗り始めるんです。彼らのアドバイスは決まっています。

「なるほど、話はわかった。君はプログラミングを覚えてエンジニアになれ」

こう言って、自身の成功体験を押しつける。そう、彼らはみな、「プログラミングを覚えれば人生が変わる」という価値観の世界に住んでいるのです。

N高が設立されてから、ネットで何度か、N高のプログラミングの教材のレベルが高いと話題になりました。IT企業の社員が、自分の会社のプログラマーの教育に使えるレベルだとブログの記事にしたのです。当たり前です。N高のプログラミングの教材は、もともとドワンゴの新入社員のエンジニアのために、半年間で現場の即戦力になるようにつくられた研修用プログラムを2年間かけて学ぶよう構成したものです。実践的という意味では、高校だけでなく大学まで含めても、一番レベルが高いのではないでしょうか？

なにしろドワンゴ社員は、プログラミングを覚えれば人生が変わると思っています。逆に言うと、これぐらい覚えないと人生は変わらないということを基準に教材をつくっています。クラスの生徒のほぼ全員が理解できるような難易度にするなんていう発想はありません。仕事の実践で使えないレベルの知識しか学ばなかったら、そもそも意味がないと思っているからです。

このようにドワンゴがつくっただけあって、N高はプログラマーを養成する学校ではなく、プログラミングの授業も、受けたい人だけが受講するのにもかかわらず、やたら、力が入っています。プログラミングとの出会いにより生徒の人生を変えたい、という気持ちがあるからです。

「どうやって生徒の人生を変えるか」という視点で設計されているものは、プログラミング以外についても、たくさんあります。

たとえば職業体験です。職業体験プログラムをラインナップして取り扱っている業者はたくさんあり、これを利用すれば便利なのですが、N高の職業体験プログラムはすべて学園のスタッフの手づくりです。なぜ手づくりにしたのか。市販の体験プログラムは安全無事にプログラムを終えることを最優先に設計されていて、本当に職業を作業として体験すると言えるのはせいぜい数時間程度でしょう。それでは生徒の人生は変えられないのではないか、と考えたからです。N高が開校したときの職業体験プログラムは、すべて現地に1週間泊まり込むという前提で設計されました。これは本当に大変なんですが、生徒の人生を変える体験になるんです。1週間の最終日に、受け入れてくださった現場の方と一緒に生徒が号泣する、そういう光景が多く見られました。

別の話ですが、N高には著名なゲスト講師がたくさんいらっしゃいます。メディアに報道される機会も多いので、学校の宣伝として著名人を呼んでいると誤解されることが多いのですが、それは違います。ゲスト講師としてだれにお願いするかについて、N高では2つルールを決めています。それは業界で一流の仕事の実績があるということと、生徒となんらかの交流をしていただくことです。たとえば、生徒のつくった成果物を見ていただくこと、生徒の感想にコメントをいただく――こうした交流を通じて、世の中で実績のある一流の人にかけてもらったなにげない言葉が、生徒の人生を変える可能性があると思っているからです。

「ネットの高校」は未来のエリート校

ドワンゴの社風がN高にもたらした影響についてもう少し説明します。

ひとつは、ドワンゴは実力主義の会社で、仕事さえできれば他の資質については、なにも要求しない会社だったことです。学歴も不問。働く時間も自由。会社の自分の席には、趣味のものを並べるし、その趣味がオタク全開なものであっても、だれもなにも言わない。

最近は多様性が謳われていますが、ドワンゴは設立当初からカオスなほどに多様でした。実際、社内にはＬＧＢＴの社員がたくさんいます。別に会社としてＬＧＢＴについてなにかメッセージを出しているわけではありません。むしろ会社としてはそういうイデオロギーを主張する社会運動からは距離を置いて、関わらない方針です。多様性を声高に主張していなくても、この会社だったら大丈夫そうだと、おのずと多種多様な人たちが集まる社風だったのです。

こうしたカルチャーがあるドワンゴが設立に関わったことで、N高には独特の雰囲気が生まれました。N高は、「全日制の学校に行かなかったからといって、落ちこぼれとは言えない」「オンラインで友だちをつくったり学んだりすることは素晴らしい」と心から思っている人たちがつくっています。しかし同時に、「落ちこぼれじゃない」と本当に思っているので、「かわいそうな生徒に寄り添う」という発想もあまりありません。甘い言葉ばかりかけることはしません。彼ら自身も社会のレールから外れて、実力で道を切り開いてきたという経験があるから、生徒に対しても、「なにをやってもいいけど、自分のことは自分で責任を持てよ」という、ある種の厳しさも持ち合わせています。優しいだけの寄り添いとは少し違う。それが、今のN高の雰囲気を形づくった大きな要素のひとつになっています。

N高では「不登校」という言葉はNGワードにしました。「不登校生のための学校をつくりました」と言われて喜ぶ生徒なんているわけがありません。先ほどお話ししたように、これまで通信制高校は、教職員でさえ「全日制に通えない生徒が行く学校」と見ているふしがありました。

僕たちは設立に際して、「新しい通信制高校をつくる」という言い方をせず、「未来のエリート校としてネットの高校をつくる」と言い張りました。宣伝文句でそう言っているのではありません。全日制に行けない生徒のための第二の選択肢ではなく、第一の選択肢となるような「ネットの高校」にする。僕たちは本気でそう信じて学校をつくったのです。

それは根拠のない理想ではなく、ネットなんかにハマって人生のレールから外れたと思われていた人たちが、やがてネットの時代になってむしろ最先端の知識と経験を持っている人材に変わったという、ドワンゴの実際の経験に基づいた確信なのです。

ポジティブなメッセージ

もともとN高設立というアイディアは、現在校長を務めている奥平博一さんと、それまでさまざまな通信制高校の立ち上げに関わってきた中島武さんが、ドワンゴの取締役（当時）である志倉千代丸さんのところに持ち込んだことがきっかけで立ち上がったものでした。

奥平さんと中島さんによると、通信制高校の生徒たちが抱える大きな問題は、友だちができないことと、通信制高校に通っていることを恥ずかしくて人に言えないことだ、と。そして、そういった子たちの多くがニコニコ動画を見ている。だからこそ、ドワンゴとKADOKAWAが通信制高校をつくれば、彼らが「行きたい」と思える、そして「通っている」と堂々と言える学校になるはずだ、と。

僕はその話に納得しました。たしかに僕らなら、N高をものすごく有益で、かつ魅力ある学校にできる可能性がある。通信制高校のイメージを変えられる自信もありました。

実はニコニコ動画の登場以前は、オタクという言葉はもっと差別的な響きを持っていました。テレビに出てくるイケメンや美女の芸能人が、「自分はオタクなんだ」と公言することはありませんでした。ニコニコ動画の社会的なブームによって、ゲームやアニメなどのサブカルチャーが、堂々と他人に言ってもいい趣味に変わったのです。同じことを通信制高校でもやればいいということです。

もうひとつの強みは、ニコニコ動画で培ったドワンゴの技術が、双方向授業システムに活かせることとです。従来の一斉授業は学習効率が悪すぎます。時間にも場所にも制約があるし、生徒一人ひとりの理解度にも合わせられない。いつでもどこでも、コンピュータとネットを使って双方向の個別授業をやったほうが、質の高い勉強ができるに決まっています。

だとしたら、学校に通わないでネットで学ぶというのは、むしろ時代に合った最先端の学習方法です。双方向でおこなう授業のほうが、学びが深まる。ところが、教育業界にはそういう最先端の学習法を実現するシステムを開発できるような企業がほとんどない。ドワンゴが進出すれば、ＩＴ化が遅れている教育業界にとっても大きな刺激になるだろうから、社会的な意義があると思いました。

ＩＴ化ということであれば、これまでは「全日制に行けない生徒のための学校」というイメージがあった通信制高校のほうが、逆に有利になります。通信制をオンラインで実現すれば、授業そのものがコンピュータとインターネットというＩＴのプラットフォームにまるごと乗っかるからです。

通信制高校のイメージを変える。逆にネット時代の最先端の学校にする。それは時代の流れからはむしろ必然だから、時間をかければ必ず成功する。僕らはそう決意したのです。

設立当時、そして今もそうですが、一般的な通信制高校のホームページには、「スクーリングは年に４日だけ」「自分のペースでゆっくり学べます」といった、生徒を安心させるような言葉が並んでいます。しかし僕たちは、そういった優しく寄り添う言葉をいっさい使いませんでした。むしろ「時間に余裕があるなら、あれもこれも勉強しよう！」と、とにかく勉強を推奨するポジティブなメッセージをホームページから発信しました。好きなことを好きな時間に好きなだけ勉強しよう、と。

当時の通信制高校としては異例のブランディングとプロモーションを展開したのです。

戦略的な学校設計

設立当初は、「アホの学校だ」とか「どうせダメだろう」という誹謗中傷が殺到するだろうと予想していました。また、営利企業が関わっているため、「金儲けが目的だ」という揶揄《やゆ》も来るだろうなあと予想されました。これらの批判を防ぐことが僕たちのテーマのひとつでした。

そのために、N高の戦略も計画もできるだけ世の中に公開することにしました。まず、僕らが本気で教育を変えようとしていること、そのために資金を大いに投入していて、明らかに儲からなそうだということを世の中にはっきりと見せることで、業界の人々に「金儲けが目的というのはちょっと違う。彼らはなにかわからないけど本気だ」と思ってもらえるようにしました。そうやって、教育の世界に資本主義のルールを持ち込もうとしているという、ありがちな批判が出にくいようにしたのです。

実際、僕たちは、できるだけ善いことをしよう、正しいことをしようと考えており、それを戦略として実行しています。これは同時に、業界の人々からいわれのない批判や非難を受けないようにするためです。

また、誹謗中傷を防ぐために、普通の学校では提供できない最先端の実践を取り入れようと考えました。たとえば、完全オンライン化された高度な教育システムや、質の高い教材の提供です。また、部活動についても、「eスポーツ部」のプロによる指導など、担任教職員の犠牲的なボランティアに頼らない組織的なサポート体制を整えることで、既存の学校の教職員が、「うちでもやってほしい」と応援したくなるような環境をつくっています。

こうした取り組みによって、批判や揶揄を言われにくくし、むしろ普通の学校の生徒がうらやましがる要素を増やすように初めから設計したのです。

これだけの準備を整えた上で迎えた初年度の入学者数はどうだったかというと、約1500人の新入生が入学してきました。僕は1万人くらい来ると思っていたので、「なんだ、少ないな」と思っていましたが、通信制高校業界では、開校したばかりの新設校に、これだけの生徒が集まったことは衝撃だったようです。「1500人程度で衝撃なのか」ということが、僕にはさらに衝撃でした。

入学者の中には、小学4年生から不登校で、ずっと部屋にひきこもっていたという生徒がいました。彼は自分で資料請求をして、「この学校に行きたい！」と母親にパンフレットを持っていった。お母さんは、息子が自主的に行きたい学校を探してきた姿を目にして、「それだけでうれしかった」と涙を流してN高の教職員に話しかけてきました。そういう生徒と保護者が何人もいたのです。

彼のように、開校当時のN高の新入生には、自ら情報を得て入学を決めた生徒が多くいました。テレビなどでも取り上げられましたが、情報は親ではなく、生徒に直接届いていた。通常の通信制高校の説明会には、親が生徒を連れてくるケースが多いようですが、新設校だったN高の場合、まだ親には情報が届いていなかった。そのため、生徒が「N高に行きたい！」と親を説得して、説明会に連れてきた。そして、その子どもの姿を目にして、親自身が感動し喜んでいた。僕たちにとっても衝撃的な出来事でした。

これは、ニコニコ動画がスタートしたときの状況とよく似ています。滅多にないことですが、カリスマ性のあるサービスに熱狂的なファンがつくことがあります。ニコニコ動画のユーザーには、自分のSNSアカウントに「@2525」と付けている人がたくさんいました。N高も、まだ開校していないうちから、「@N高生」のような文言を付けたアカウントが旧Twitter上にたくさん出現しました。灘や開成の生徒だって自分の学校に誇りは持っているはずですが、SNSのアカウント名やプロフィールにわざわざ書くようなことはしないと思います。まだなにも始まっていないのに、なにかすごいことが起きようとしている。そのような雰囲気に包まれていました。

この結果は、教職員として採用された人たちにとっても予想外でした。彼らは、自分たちが想像していたものとはまったく違う学校ができ上がっていくことに驚いていたはずです。「オンラインでもいいんだ」「全日制の学校に行かなくてもいいんだ」というメッセージと、「オンラインが得意なら、未来のエリートになれる」というポジティブなメッセージは、当時の生徒たちの心にしっかりと届いていたのです。

教育業界はなにに最適化するか

教育業界に関わっていくうちに、学校経営はなにに最適化していくのかがだんだんわかってきました。

教育はサービスとして見た場合、淘汰圧が非常に低いため、改善意識が希薄になりがちです。飲食店であれば一度嫌な思いをさせたら、客は来なくなります。しかし学校は一度入学するとやめづらい環境であるため、理不尽なことがあっても放置されやすい。

こういう状況下では、学校経営は生徒のためではなく、保護者からのクレームを最小限にする方向に最適化されていきます。モンスターペアレンツに怯《おび》え、生徒のためと言いながらも、実際は親からのクレームが来ないことを優先しているのです。

さらに学校経営では、入学金や授業料などの収入は固定されているため、クレーム処理に多くの経費がかかることを避けようとします。だからいっそうクレームを最小限にする方向に進みやすいわけです。

クレームを少なくするにはどうすればいいか。トラブル防止を目的に、ルールをたくさんつくればいい。たとえば多くの学校では、昼休みにパンを買いに校外に出ることは禁止されています。なぜ出てはいけないのか？　学校を出た生徒がなにか問題を起こせば、子どもの管理をちゃんとやっているのか、と保護者から批判されるんじゃないかと恐れているからです。クレームが来ないようにするには、余計なトラブルが起こらないよう、できるだけ学校の中に閉じ込めておいたほうがいい。多くの教職員はそう発想するわけです。

通信制高校だと、スクーリング（学校に登校したり、実習先でリアルな指導を受けたりすること）のスケジュールも非常に過密です。1日10時間ぐらい拘束することもあり、自由時間がほとんどありません。詰め込みすぎじゃないかと現場の教職員に質問をすると、沖縄などでの合宿スクーリングの場合、生徒を忙しくさせて疲れさせたほうが悪さをしないとのことでした。自由時間を与えると悪さをすると考えられているのです。

N高では、クレームを最小化するためのルールを見直すことにしました。たとえば、昼休みでも許可を取れば外出できるようにした。その過程で教職員からの抵抗もありましたが、N高は既存の高校とは違うことをやるという方針を、教職員たちもある意味、諦めて受け入れてくれたところがあります。そういう意味でも、IT業界という異世界からやってきたドワンゴがつくった学校というのは、いい方向に働きました。

いじめ問題についても学校は積極的に関わることにしました。オンラインの場合は対応が迅速にできます。いじめは通常、被害者と加害者の言い分が異なるため、解決が難しいし、時間もかかる。しかし、オンラインだとログが残っているので、いじめの事実を確認しやすいのです。

デジタル中心の学校では、さまざまな問題が可視化しやすくなります。これは管理強化ではなく、問題が起こったときに解決しやすいというメリットにつながります。そのため、ルールを増やさず、問題が起こった際には真正面から解決する方針を取っています。

N高では、これまでの学校では考えられないほど柔軟に対応し、問題が発生したらその都度それを解決しています。普通の学校では、問題が起こるたびにルールが増えるだけですが、僕たちはどんどんルールを変えていくのです。

不登校経験者の教職員採用を見送った理由

N高設立を発表したときのことです。20人ほどの方から、「実は自分は不登校経験者です」「N高のような学校を待っていました」「私も不登校で苦しんだので、不登校の生徒を救いたい。だからN高で働かせてください」といった内容のメールやダイレクトメッセージをもらいました。

僕はその中の7、8人と実際に会って話を聞きました。すると驚くべきことに、全員に共通点があった。彼らは、「不登校から立ち直った自分が、不登校の生徒を救いたい」と言っていましたが、実際にはだれも立ち直っているようには見えなかった。要するに彼らは、自分が立ち直るために、自分よりも弱い立場の人を探して教師になろうとしている。そのように僕には感じられたのです。

最初のうちは不登校経験者を教職員に入れるのは確かに意味がありそうだと思って面接をしていましたが、5人を超えたあたりで「これはちょっと違うな」と思い始め、最終的には採用担当者に面接中止の指示を出したのです。

実際にN高を運営してみてわかったことですが、教職員の中には、社会で競争していく自信がないために、子ども相手に優位に立ちたいという心理で教師になっている人が一定数いるようです。いろいろな人に話を聞きましたが、小学校の教職員に特に多いようです。

不登校経験者だけの話ではありません。大人社会で競争していく自信を持てずに、子どもを相手にすることで自分の優位性を見出そうとする人が、一定割合いるのは事実のようです。

これは、僕たちが外部から教育業界に入ってきたからこそわかった真相であり、おそらく、既存の教育関係者では気づきにくいし、口に出しにくい問題点だと思います。

僕らは異業種から教育業界に参入したわけだから、この教育業界内部からでは改革しにくい構造を解消しようと、N高では教育業界の慣習に染まっていない新卒の教職員を採用の中心に据えることにしました。また「先生」という呼称も廃止して、「さん」付けで呼ぶようにしています。教職員と生徒がよりフラットな関係性を築くためです。

少しネガティブな話になりましたが、これはあくまでも一部の教職員の問題です。実際には、他人のために貢献したいという、素晴らしい志を持った教職員もたくさんいます。たとえばドワンゴでは、社員に性格診断テストを実施していますが、同じテストをN高の教職員にも受けてもらったところ、興味深い結果が出ました。

ドワンゴのエンジニアは、自己中心的な性格の人が非常に多いのに対し、教職員は「他人のために役に立ちたい」という気持ちが非常に強いという結果が出た。この結果が示すように、教職員は基本的にとても素晴らしい人たちが多い。ただ、歪んでいる部分もあって、それを見て見ぬふりをするのはよくないと思っています。

分業制が生むホワイトな労働環境

N高に関わる採用は毎年100~200人ほどです。ここには教員職以外の職種も含まれます。

スクーリング時に担当教科の指導をするには教員免許が必要ですが、N高ではそれ以外にも教える仕事がたくさんあります。そういった分野では、教員免許を持っていない人も大量に採用しています。比率で言えば、60％の職種は教員免許を必要としません。

たとえば、教員免許は持っていないけれど、塾や予備校で講師経験がある人もいます。あるいはプログラミングやデザインなどの専門性の高い授業については、現場で活躍するプロフェッショナルを講師として招聘《しょうへい》するなど、外部の知見を積極的に教育に取り入れています。そういった人のほうが、教員免許を持っている人よりも教え方が上手かったりする。教職員の質を高めるためには、免許を持っていないプロフェッショナルを採用したり、招聘したりすることが不可欠です。

強調しておきたいのは、N高では、従来型の学校のように、教員がすべての業務を一人でこなすのではなく、業務を分担する分業制を採っていることです。これは、教員の負担を軽減し、より専門性の高い業務に集中できるようにするための取り組みです。

分業制を支えるため、それぞれの業務に特化した専門チームが存在します。たとえば、部活動の指導や生徒の進路相談、学校行事の企画運営など、専門性の高い業務については、それぞれの分野に精通した専門スタッフが担当しています。

だから必然的に採用人数も多い。現状、教職員を合わせると1000人以上が働いています。

分業のメリットは計り知れません。教員の負担を軽減するだけでなく、教育の質向上にも確実につながっています。一般的に教員の仕事はブラックだと言われている中で、N高の労働環境は非常にホワイトです。採用サイトでも公表していますが、月々の平均残業時間は17・5時間。一般的な高校の教員は、自宅への持ち帰り仕事を含めると、月に約80時間の時間外勤務をしているという調査もありますから、N高教職員の負担が圧倒的に軽いことは明らかです。

ところがこんなホワイトな労働環境であるにもかかわらず、私学教員ユニオンという労働組合は、「N高には月90時間を超える残業をおこなっている従業員がいる」「教員一人が担当する生徒数が150人であり、教員が過重労働を強いられていて、生徒のケアもできていない」などの主張を繰り返しています。

たしかに2020年はコロナの影響でスクーリングの開始が遅れ、10月に業務負荷が集中しました。そのため全体の1割強にあたる教員の残業時間が月40時間を超えましたが、それでも月90時間には遠く及びません。また、担任する生徒の数は多いですが、N高の教員は一般的な高校のように科目の授業を毎日する必要はありませんので、就業時間のかなりの部分を生徒への対応に当てられます。むしろ1・5ヶ月に1回は生徒と1対1の面談をおこなっている学校なんて、N高ぐらいではないでしょうか？

雇用者側とユニオンが争うと、弱者とみなされるユニオン側の主張が認められることがほとんどです。だからユニオン側が間違った主張をしても、諦める雇用者が多いのですが、N高の場合は闘うことにして、現在、ユニオンとは裁判中です。

ただユニオンの「間違った」主張は、プラスに働く面もあるかもしれません。設立当初は、教育の変革をめざす人たちがN高に入社してきましたが、現在は安定を求めて、「楽そうだから」とN高の教職員を志望する人も増えてきています。ですが、教職者というものは生徒の人生を預かっているわけですから、生徒になにかあったときには時間外労働だろうが、緊急出動する覚悟が必要な職業だと思っています。しかし、ユニオンによって「ブラック企業」とされたことで、ホワイトな環境だけを求め、生徒よりも自分の人生が常に大事と考えるような教職員が入ってくるケースが、多少は減るかもしれません。

シングルマザー採用の導入

採用に関連して、「シングルマザー採用」についても触れておきましょう。

N高ではコロナ以前からリモートワークを導入していました。IT業界では、優秀なエンジニアを引き留めるために、特権としてリモートワークが提供されがちです。でも、リモートワークはどんな職種でもできるわけではありません。適した業務とそうでない業務があるのは、みなさんもおわかりでしょう。

僕は、リモートワークをする権利は「したい人」ではなく、「リモートワークでしか働けない人」に優先的に提供するべきだと考えています。N高はもともとオンライン教育をおこなっているため、適した業務が数多く存在します。そこで、この「リモートワーク雇用枠」を世の中のシングルマザーの方々に優先して割り振って、働く機会を提供しようと考えました。このシングルマザー採用は約5年前、コロナ禍が始まる以前から進めており、現在では約50人がリモートワークをおこなっています。

リモートワークでどうやって勤怠管理をするのか、サボったりしないかが不安だというのが、雇う側の視点でのリモートワーク普及の障害になります。

N高のリモートワークでは、いろいろ試行錯誤した結果、Ｓｌａｃｋというチャットシステムで、リモートワークをしている社員が業務を逐次報告しながら作業するという方法で解決することにしました。別に監視している人がいるわけではありませんが、他のリモートワーク社員にも仕事内容が伝わっているという感覚がありますので、サボったりすることが難しくなります。仕事を開始したり休憩で中断したりする場合には、必ずＳｌａｃｋで、みんなに挨拶をするというルールにしました。この簡単な仕組みだけで、仕事とプライベートの気持ちのオンオフを切り替えられるのです。

この仕組みを使って、ちゃんと挨拶さえすれば、いつでも仕事を抜けていいというルールをつくりました。シングルマザーの人は保育園で子どもが熱を出すなど、仕事を抜けなければいけない事態が突発的に発生します。だから、フルタイムの仕事に就くのが非常に難しくて、生活も安定しません。N高のリモートワークでは、そのようなときはいつでも抜けていいという、いわば細切れにしてもいいフレックスタイム勤務みたいなものを実現しているのです。

その後、コロナの影響で一般社員も仕事がオンライン化することが増えました。そのため一般社員のリモートワークとの比較が可能になったのですが、たとえばリモートワーク化された派遣社員との比較では、N高のシングルマザーのほうがパフォーマンスが高いことがわかりました。これはシングルマザーの方は、リモートワークしかフルタイムで働く手段がないから、より真剣に仕事に取り組んでいるからだとN高では分析しています。

つまりシングルマザーをリモートワークで雇用するのは慈善事業でもなんでもなく、ビジネス的な判断としても雇用主側にとって得になるということです。これはとても大きな意味のある事実だと思います。もし、シングルマザーを雇用するのが慈善事業であれば、救える人数は使える予算で上限が決まります。でもビジネス判断としてシングルマザーをリモートワークで雇うことが得だということが証明できるなら、すべてのシングルマザーを救える可能性があるわけです。

N高では引き続き、現在約50名のシングルマザー雇用を100名、200名と増やしていき、ちゃんとパフォーマンスを上げて、リモートワーク雇用が得である、経済合理性があるということを世の中に示していきたいと考えています。

また、シングルマザーの方々は働ける場所がかぎられている。そういう人たちにこそ、リモートワークで働く機会を提供すべきだという声を世の中に発信していきたい。同じような取り組みが世の中に広がってほしいと思っています。

プロモーションの目的は口コミの誘発

先ほど説明したように、N高は、従来の通信制高校が抱える「不登校生のための学校」というネガティブなイメージを払拭し、「ネットの高校」という新しいカテゴリーを提示することで、生徒が学校に対して誇りを持てるようなブランディングをめざしてきました。実際のところ、かなり上手くいった。大成功した、と思っています。実際、他の学校の方から「N高さんは宣伝が上手いですからねえ」と、若干、皮肉まじりに言われることも多くあります。

せっかくですので、N高のプロモーションについての考え方も話しましょう。僕らは、プロモーションをとても大事にしています。むしろ教育の一部とすら位置づけています。僕らは入学式もショーアップして、メディアを招致して宣伝に使います。生徒の活躍や特別授業、部活動などもすべてプロモーションの道具に使います。

なんのためにプロモーションをそんなに必死にやるのか？　意外に思われるかもしれませんが、入学する生徒を増やすためではありません。

学校選びは、アプリをダウンロードするのとは違います。バナー広告をたまたまクリックして人生を変えるような決断をすることはありません。テレビ番組で紹介された健康に良い食べ物をつい衝動買いしてしまうことはあっても、自分が行く学校、子どもを行かせる学校を、テレビ番組で紹介されたからといって、ワンクリックで決めたりしません。プロモーションをいくらやっても、入学者は簡単には増えたりしないのです。

それをわかった上で、なぜウェブやテレビでいろいろプロモーションすることに力を入れるのかというと、実はこれから入学してくれる未来の生徒候補に見せているのではなくて、今在学している生徒と保護者に見せているのです。自分の学校がテレビに取り上げられているというのは、うれしいものです。「N高に入学したのは間違いじゃなかった」と思う生徒や保護者も多いでしょう。また、周りにもN高が紹介されているテレビ番組を見ている人はいるでしょうから、そうなると、周りの人にN高の話をしやすくなります。つまり口コミが発生しやすくなる。人生を変えるほどの決断に関わる情報は口コミで伝わることが重要なのです。「実は自分もN高に通っている」「何々ちゃんも来たらいいよ」と周りの人から聞いたときに初めて、人はN高に通うことを真剣に検討し始めるのです。だからプロモーションの目的としては、学校の宣伝そのものは二の次であり、いかにN高についての口コミを発生させるかを考えて設計しています。

キャンパスをつくるのも同じ理由です。普通の通信制高校では、7~8割が通学コースですが、N高の場合、ネットコースが大部分を占めており、通学コースは3割程度です。それでも全国にキャンパスを展開しています。これは、近くにキャンパスがあることで保護者の方に安心感を与えるためです。実際に行かなくても、近くにキャンパスがあるという事実が安心感をもたらします。

テレビCMをおこない、キャンパスを設けると、その地域の入学者数が約50％増加します。でも、テレビCMを打ったから入学者が増えるのではありません。テレビCMによって近くにキャンパスができたことを告知すると安心感が生まれて、口コミが発生しやすくなる。それが結果的に入学者増をもたらすわけです。

もちろん口コミで悪い噂が広がっては逆効果です。なので、僕たちは生徒からの学校の評判を上げることにも真面目に取り組むわけです。

入学者を増やすための学校のプロモーションでは、結局、いい学校をつくろうと真面目に努力するのが大切ということになります。

泥臭い営業努力

テレビなどで派手な宣伝をおこなって目立とうとすることを、僕たちは空中戦と言います。地上戦とは、地道に説明会を開き、営業員が、直接、保護者に説明したりするこ

N高のテレビCM

とです。学校事業において空中戦は、地上戦を支援する手段にすぎません。結局、最終的な決定権は、授業料を払う保護者にあるからです。

説明会を開くのは当たり前ですが、僕たちは、開校1年目から学校回りに力を入れていました。各地にキャンパスをつくってからは、そこを拠点に近隣の中学校へ挨拶回りをするようにしました。キャンパスは営業拠点としても非常に重要です。

なぜ学校への営業が大事かというと、生徒が通信制高校に進学するときに、担任の先生に相談するケースが多いからです。そのときに担任の先生がどういう反応をするかによって、進学するか、やめるかが大きく左右されるのです。N高に進学したいという相談を生徒にされたときに、N高の担当者から一度でも挨拶されている場合とそうでない場合とでは、担任の先生の反応は大きく変わるのです。

また、N高に転校する場合、高校の担任の先生には、転校先の学校に提出が必要な生徒の調査書を作成するというペーパーワークが発生します。ところが調査書のフォーマットは学校によって違う。だから、ある生徒が別の学校に転校する場合、担任の教師は、その生徒の調査書を新しい学校のフォーマットに手書きで写さなければならない。これがけっこう大変な作業なのです。

そこで僕たちは、N高用の調査書を簡単に作成できるフォーマットをデータで渡すことで、先生たちの手間を減らしています。こういう小まめなサポートが、担任の先生のN高への信頼を生むのです。

地道に中高の教師に会って、N高の説明をする。さらに空中戦でN高の口コミを誘発する。こうした取り組みの相乗効果によって、教師は不登校の生徒に対して「N高に行ったらどうか」と言いやすくなります。教師も人間ですから、変な学校を薦めて恨まれたくない。N高は知名度があり実績もある。しかも直接話も聞いている。だから教師も安心して薦められる。そしてある学校からN高生が誕生すると、過去の実績もあるということで、その年以降、同じ学校から入学生が増えていくのです。

もうひとつ地道な取り組みとして、「資料請求をした人に対して、即座に電話をかける」ルーティンを実践しています。大量の資料請求が来ると、順番に電話をかけることになりますが、2日後や3日後にかけても、他の学校に行くことがすでに決まっているケースが多い。

これはなぜかというと、特に中途入学の場合、通っていた全日制の学校を退学した後、保護者が心配して複数の通信制高校に資料請求をするのです。すると、どこかの学校から電話がかかってきます。たいがいそこでは悩み相談になるんです。ですから、最初に電話をかけた学校は、1時間から2時間くらい親の悩みを聞くことになります。保護者は電話で1時間も悩みを聞いてもらうと、負い目からか、その学校に入るしかないと思うようになるんですね。

これは学校の中身とは関係ありません。通信制高校の中には、授業料がN高の3倍も高いのに、こういった保護者への営業だけ強い学校も少なくありません。それでも、話を聞いてもらった保護者は、その学校を選ぶ。つまり学校の宣伝よりも、親の悩みを聞いてあげることが入学の決定要因となる。この構造に気づいてからは、資料請求があったら即座に電話をかけるように体制を整えました。学校経営には、このように泥臭い部分があるのです。

泥臭い取り組みは、入学した生徒の保護者とのコミュニケーションにも当てはまります。N高では、生徒とのコミュニケーションは、主にメールとSlackなどの電子手段でおこなっていますが、保護者向けには約3ヶ月に1回、保護者通信を郵送で送っています。というのも、保護者はメールだと読まないことが多いからです。これもデータにはっきりと表れています。郵送にすると、読む率が約20%上がり、保護者の満足度も向上しました。というよりも、保護者満足度を上げるのに最も効果があったのは、保護者通信を郵送に切り替えたことだったのです。

実は年賀状も生徒に対して郵送してきました。デジタル化が進む中で、逆にリアルなものの価値が高まっている。そのため、ネットの学校でありながら、リアルなコミュニケーション手段も大切にしているのです。

2章

十人十色の武器を育てる

自己肯定感と友だちづくり

N高を運営するにあたって、僕らがとりわけ重視していることが2つあります。生徒が「自己肯定感を高める」ことと「友だちをつくる」ことです。順番に説明しましょう。生徒が自己肯定感を高めるには、どうすればいいでしょうか。それは生徒が「自分はN高に通っている」と胸を張って言えるような環境をつくることです。

そのために、最先端のオンライン教育を提供するのは当然のことです。たとえばN高では、VR（バーチャル・リアリティ）を用いて理科の実験に参加できるし、歴史遺産を訪問することもできる。バーチャル環境にありながら「体験」をともなった勉強をすることができる。N高の教育コンテンツは、公式サイトやさまざまなメディアで紹介されているので、詳細は説明しませんが、普通の高校に通う生徒がうらやましがるような要素を増やすように、立ち上げ当初から設計していました。これは単なる綺麗事ではなく、「自分は、他の学校の生徒がうらやましがるような最先端の教育を受けている」と思えれば、おのずと自己肯定感は高まるものです。

プロモーションもまた、自己肯定感を高めるきっかけになります。これまでさまざまなプロモーションに取り組んできましたが、前章でも述べたように、N高がテレビで取り上げられても、資料請求は増えるものの、入学者数の直接的な増加にはあまりつながりません。だから僕たちも、宣伝の目的は生徒の獲得ではなく、生徒のプライドを高めることだと割り切っています。

自己肯定感を高めるのと同じくらい重視しているのは、友だちづくりです。「友だちをつくる」ことを堂々と目標に掲げている学校はほとんどありません。しかしデータを取ってみると、友だちがいるかいないかで、卒業率が大きく変わるのです。友だちがいないと中退する確率が上がる。それだけでなく、勉強を続けられるかどうかも友だちの有無に大きく影響されます。友だちの有無と勉強時間の相関関係は非常に強い。学力、登校率、卒業率、満足度、あらゆる指標において、友だちがいるのといないのとでは、大きな差が生まれる。だから、N高は友だちづくりを明確な目標にしています。

そのために、通信制で義務付けられているスクーリングも、年1回おこなう通信制高校が多いところを、N高は2回に増やしています。他の通信制高校だとスクーリングが年に1回だけで、しかも日数が少なくて楽だということを宣伝している学校がたくさんあります。スクーリングの負担を嫌がる生徒はたくさんいるのです。それにもかかわらず、僕らがスクーリングの回数を増やすのは、友だちをつくる機会を増やすことが、生徒のためには本当に大事だと確信しているからです。

また、スクーリングの時期も、友だちのできやすさで決めています。そのために余計なお金がかかっても、友だちのできやすさを優先しています。

スクーリングでは、さまざまなゲームを通じて生徒同士が仲良くなることを促しています。生徒自身も「なぜN高はこんなに友だちをつくらせようとするのか」と感じるほどです。露骨と言えば露骨ですが、そのくらい友だちづくりの推進に力を入れているのです。

「ゲームをするくらい大したことない」と思う人もいるかもしれませんが、力の入れ方が違います。N高では、毎回のスクーリングを通じて、友だちづくりにはなにが一番効果的かを実験してきました。どうやったら友だちができるかというデータも分析して蓄積しています。

特に重要なのが放課後の時間です。最近の生徒たちは放課後になるとすぐに帰ってしまうことが多いので、どうすれば居残って友だちと遊ぶかを試行錯誤してきました。いろいろ試した結果、対戦ゲームのスマブラ大会やマリオカート大会は手応えがありました。しかしこういったデジタルのゲームだと、参加者が男子ばかりになってしまうのが難点でした。また、ゲーム中はプレイに集中するので、生徒同士の会話が成立しません。最終的にたどり着いたベストな方法はボードゲームです。ボードゲームは女子の参加率も高く、コミュニケーションを促進するので、友だちづくりにてきめんに効くのです。

年度の初めにスクーリングで友だちになった生徒たちは、基本的にはネットでつながり、やりとりを続けていきます。友だちづくりに力を入れてきたことで、中退率は初期に比べて半減するほどまで改善しています。さらにそれが勉強時間の増加につながり、成績も向上している。「友だち効果」には計り知れないものがあります。

N高が教育業界で果たした役割で最も大きいところは、世界で初めてコミュニティづくりを重視したオンラインの教育機関であることだと思っています。

オンラインだからこそできること

N高は通信制高校とは思えないほど大学合格実績を毎年伸ばし続けていることがひとつの特長ですが、よく、生徒数が多いから当たり前だと言われることがあります。これはあまり意味のない批判です。

というのもN高にはずっと不登校で小学4年生レベルの分数の計算ができない生徒や、「主語」や「述語」の意味がわからない生徒、あるいは他人と話すときに目を合わせられない生徒もたくさん入学してくるからです。そういう生徒たちがGMARCH（首都圏で早慶上智に次ぐ難関私大グループ。学習院、明治、青山学院、立教、中央、法政）に合格できるか？　残念ながらそんな魔法をかけられる学校ではありません。

一般の全日制高校と異なり、N高には学力としての偏差値がバラバラな生徒が入学してきます。最初から大学進学など考えていない生徒もたくさん入学してくるのです。だから、それを無視して「生徒数に比べて大学合格者数が少ない」なんて指摘には、まったく意味がありません。

入学してくる生徒の能力に合わせて、適切な教育をおこなうことが重要なのです。

たとえば数学と国語については、学力の足りない生徒向けに小学4年生の内容から復習できる授業を設けています。現在の中学、高校で当たり前のようにおこなわれている一斉授業では、できない子は置いていかれるばかりです。数学は特に、いったんわからなくなるとその先の授業がまったく理解できなくなる科目です。分数の計算しかできない生徒が、二次方程式の授業を受けても意味がない。生徒にとって、そういう授業はただ座っているだけになってしまいます。

オンライン教育には、生徒が個々の習熟度に合わせて勉強できるというメリットがあります。勉強に取り組んでさえくれれば、理解に至る環境は整っている。そして実際、勉強する生徒は大きく成績を伸ばしています。

勉強だけではありません。他人と目を合わせられない生徒は、アルバイトの面接にすら受かりません。僕たちは、そういう子も含めて、すべての生徒がオンラインで面接の練習ができるプログラムも開発しました。卒業に必要な授業ではありませんが、生徒の将来を思うと一番大切なことだと考え、できるだけ全員が受けてくれるように指導しています。推薦入試や総合型選抜（学力だけでなく、生徒の個性、能力、意欲などを総合的に評価する入試。選抜方法は面接、小論文、大学入学共通テストなど）の面接対策もできますし、実際に受けた生徒の合格率はかなり上がっています。

N高は魔法が使える学校ではありませんが、生徒のためを考えたら、本当に必要だろうし、実現可能な範囲だという教育は、たとえ普通の学校に前例がなくてもできるだけ取り組むようにしています。

とはいえ、学校がなにをやっても振り向いてくれず、閉じこもってしまうような生徒だってたくさんいるわけです。そういう場合は、N高でもできることはあまりありません。それでも生徒に対して、電話をかけまくったりして、せめて高校として卒業に必要な授業のレポートだけは出すように、そして卒業だけはできるように指導しています。また、在学中、卒業後にN高生だったということで恥ずかしい思いをしないように、学校の評判を高める。それだけはすべての在校生と卒業生に対して、僕たちがしてあげられることだと思っています。

成績とは関係ない「定期テスト」

N高では、これまで単位を取るためのテストだけをおこなってきましたが、2025年度からは「定期テスト」というものを始めます。このテストは、名前から想像されるのとは違って、成績とか卒業資格には関係ありません。定期的に生徒の学力チェックをするためだけに実施するものです。

僕たちは、さまざまなデータを分析して、最も効率的に生徒の能力を伸ばす方法を探っています。ひとつ判明しているのは、模試を受けた生徒は、模試を受けなかった生徒と比較して勉強時間が増えるという、はっきりとした傾向があることです。特に高1と高2のときに模試を受けると効果があります。おそらく、これは生徒が自分の実力を客観的に知ることで、勉強して成績を上げたいというモチベーションが生まれるからでしょう。また、生徒の希望する学びや進路の実現に向けたサポートをする複数のメンターやTA（ティーチング・アシスタント）がアドバイスをするきっかけにもなると考えています。

こうしたファクトがあるので、N高では、現在、模試を無料で受けられる仕組みを用意していますが、実のところ生徒のごく一部しか受けていません。そこで学力を定期的に測定することにより、勉強の必要性を自覚してもらい、メンターやTAから適切なアドバイスが得られるように、生徒全員に定期テストを受けてもらうことにしたのです。

できるだけ生徒の自主性を尊重したいし、勉強を強制したいとは思いません。ですが、気づきの機会はちゃんと与えてあげたい。そのための定期テストです。

勉強が好きな人は少ないかもしれませんが、知識や技術を身につけたくない人や、いい大学やいい会社には行きたくないという人も少ないでしょう。本当は自分はなにをやるべきか、生徒自身で考える機会を効率的につくりたいと考えています。

社会で生きていくためになにをすべきか。大学受験勉強だけが答えではありません。N高自慢のプログラミングをはじめとしたデジタル教育。プロゲーマーになるためにプロが教えてくれる「eスポーツ部」、会社のつくり方が学べる「起業部」、超一流の伝説的な投資家に指導してもらえる「投資部」、第一線の研究者にアドバイザーになってもらえる「研究部」などの部活動。就職するためにはひょっとしたら学力よりも重要な面接の練習や、化粧のやり方など、生徒が社会で生き抜くために本当に必要な能力を身につけるプログラムをたくさん用意しています。

でも、僕らは決して無理に勉強はやらせないと決めています。あくまで生徒が自分から学びたいと思うものだけを学ぶ。そういう学校です。とはいえ、完全放置ではいけない。生徒がいろいろな選択肢から選ぶためにも、なにが選べるかだけは、全員に教える機会をつくりたい。そのためにも生徒の学力をできるだけ正確に測る手段として、定期テストを導入することにしたのです。ひょっとすると、定期テストがいやで、入学者はちょっぴり減るかもしれません。

それでも生徒の未来のために、僕らは定期テストを導入するべきだと決意しました。

職業体験プログラムで人生を変えるような体験を提供する

「通信制高校」ではなく「ネットの高校」ということでスタートしたN高ですが、この「ネットの高校」というコンセプトを出すときに、僕たちが立てた重要な目標がありま す。それは、生徒の「人生を変えるような体験」を高校生活の中にふんだんに取り入れようということです。

先に述べたとおり、僕たちは「不登校」という言葉をNGワードとしていますが、実際には少なくない不登校経験者が入学・転学してきます。では、そうした生徒たちを受け入れる公教育機関としての役割はなにか。不登校の生徒に3年間寄り添ってあげることでしょうか？　それで本当にその子の人生を救えているのかが問題だと思っています。

僕らは、単に3年間寄り添うだけではなく、その子の人生を変えることに意味があると考えました。学校は社会に出るための準備期間です。引きこもりの生徒がそのまま引きこもりの状態で卒業すると、一生公的扶助に頼る生活になってしまう可能性も高い。僕たちは、そうした生徒たちを何人救えるかを目標にすべきだと学園内で話し合いました。生徒を救うとはなにか？　露骨に言えば、一生公的扶助に頼らなければいけない可能性のある生徒を、ちゃんと社会に出して、少なくとも消費税ぐらいは払える程度に自立した存在に育てることではないでしょうか。そういう意味で、何人の生徒を救えるか、それを僕たちのＫＰＩ（重要業績評価指数）にしようと決めたのです。単に寄り添って３年間で卒業させても、その後に社会に出られなければ、カウントはゼロだと考えています。

僕らは、生徒に「人生を変えるような体験」を提供したい。それを象徴する取り組みが「職業体験」です。

社会科見学と言えば、一般的にバスでパン工場に行き、半日見学するようなものを想像します。これでは人生は変わりません。Ｎ高の職業体験の多くは５日間程度の合宿形式でおこなわれています。たとえば、山口県長門《ながと》市向津具《むかつく》半島に行ってイカ釣り漁を体験する。社会経験のない生徒にとって、５日間にわたって地元の漁師の方とつきあい、イカ釣り漁船に乗るというのは、人生の中でも大きな事件です。

実際に職業体験を実施すると、最終日には生徒が泣き、受け入れてくれた漁師の方々も泣き、付き添った市の職員も泣くという感動的な光景が毎年見られました。このイカ釣り漁船の体験をテレビ局が紹介したときのことです。「２分くらいの尺で紹介しま

N高のイカ釣り漁体験

す」と言って取材に来ましたが、取材中にどんどん放送予定の尺が延びていって、最終的に放送されてみると15分ほどの特集になりました。また、『朝日新聞』の記者の方が取材してくれたときも、素晴らしい取り組みなので3回連載ぐらいで記事にしたいという話でしたが、結果的にはN高のさまざまなプログラムが取材され、合計12回という大型連載に拡大されました。

N高の取り組みが本気であり、本物だと思ってもらえたからだと信じています。

僕たちは、職業体験を企画する際に、他社に外注することを一切禁止しました。外注すると、どうしても無難でお金を儲けやすいものになってしまい、生徒本位の体験にはならない。だからN高の職業体験はすべて手づくりです。自治体とタッグを組んで、ゼロからイカ釣り漁や刀鍛冶、狩猟など、これまでに50種類を超える職業体験プログラムをつくり上げ、提供しています（図表1）。

職業体験の満足度は非常に高く、継続して高い評価を生徒から得ています。そして多くの生徒が「人生が変わった」と感じている。こうした本気の姿勢を、取材してくださったメディアの方も感じ取ってくれたのだと思います。

図表1　N高の主な職業体験

自治体名	プログラム
北海道稚内市	日本最北端の牧場で酪農のリアルを体験
山形県西置賜郡小国町	狩猟マタギと学ぶ雪合宿
長野県上高井郡小布施町	年間100万人が訪れる町で観光地経営を学ぶ
石川県七尾市・羽咋市	2030年の「人と自然のあり方」を考える旅 in 能登半島
岐阜県関市	刀鍛冶を通して「日本刀のアップデート」を考えよう
和歌山県伊都郡高野町	高野山で僧侶と「悩み」「ストレス」に向き合う
三重県南牟婁郡紀宝町	熊野川流域唯一の川舟大工に木工を学ぼう
岡山県倉敷市	美術館学芸員体験 in 大原美術館 ～アートの町で学ぶ～
山口県長門市	山口県長門市向津具半島で「イカ釣り漁」を学ぶ
長崎県東彼杵郡波佐見町	他者視点を学ぶ陶磁器づくり体験
長崎県五島市	椿の収穫・魚醤作り体験で椿の魅力を極める
鹿児島県出水郡長島町	温州みかん発祥の地で“柑橘ソムリエ”から学ぶ ～柑橘の魅力体験～
沖縄県うるま市	たまごの企画塾 ～養鶏の体験を通して2倍の値段の卵を企画する～

他の課外活動も同様です。普通の高校でも、著名人や文化人の講演を聞く会はありますが、僕たちはビッグネームを招く際に、必ず生徒と対話する時間を十分に取るようにしています。たとえば「政治部」の特別講義に麻生太郎さん、N高生・S高生の特別授業に富野由悠季《とみのよしゆき》監督などが来てくれましたが、どんな大物にも必ず、生徒と対話してもらう、もしくは生徒のレポートを採点したりコメントしたりしてもらうようにしています。単に偉い人のありがたい話を聞くだけの会には絶対しない。僕たちがビッグネームを呼ぶのは宣伝ではなく、生徒に「人生を変えるような体験」を提供するためです。

著名人からなにげなくかけられた一言やちょっとした褒め言葉が、生徒の人生を変えるかもしれない。そういった瞬間を生み出すために、ゲストと生徒が直接触れ合う機会をつくることが非常に大切だと考えているのです。

大学進学だけが選択肢ではない

こうした取り組みの成果は、在籍生徒数の伸びに顕著に表れています。2016年4

月に約1500人だった在籍生徒数は、3年後の2019年4月に1万人を突破し、2025年3月31日時点で、N高、S高合わせて3万2613人になりました。

設立以来、N高では毎年、入学式を開催しています（S高設立以降はN高とS高の合同開催）。実はN高登場以前の通信制高校には、入学式を実施することが難しい学校もたくさんありました。N高以前の通信制高校のイメージは、全日制の学校に通えない生徒がやむなく入る学校だったのです。N高は通信制高校のイメージを変えたとよく言われますが、変えたことのひとつは、中学を卒業して通信制高校に行くという選択肢を当たり前のものにしたことでしょう。N高では現在、4月に入学する生徒の7割は中学校から直接にN高へ進学した生徒になります。

全国に散らばっている生徒が一体感を持てる貴重な機会として、僕らは入学式を重要視しています。さすがに全国から入学式のために集まってもらうのは大変ですから、基本はオンラインでの参加です。現地参加もできますが、毎回、抽選で当選した生徒だけが参加できる仕組みになっています。オンライン参加といっても、生徒の思い出になるように豪華なゲストと最新のＩＴ技術を駆使した演出でショーアップして、日本最大の学校に入学したんだなという実感を持ってもらって、いろいろしっかりしていそうだと安心感を与えることを目標にしています。

入学式は東京でおこなうことが基本ですが、卒業式については、最近は地方でおこなうことにしています。東京周辺に住んでいる生徒ばっかりが得をするのは、全国から生徒を集めているネットの高校にはふさわしくないという考えからです。

在籍者数の増加にともなって、大学への合格実績も年々上向いています。ただしN高は、大学への合格実績だけを追い求める学校ではありません。僕たちが生徒に提供したいのは、気休めでもなく励ましでもなく、もっと実際に役に立つ、世の中で戦える武器です。それらを手に入れられるよう、すべてにおいて実践的な授業プログラムをつくっています。

その意味では、大学への進学は世の中で役に立つ強力な武器のひとつです。それが必ずしも正しいとは思いませんが、大学をめざしたっていい、手に職をつけたっていい、どちらに対しても十分な手段をN高は提供し続けています。とはいえ、大学合格者数を競う価値観が世の中にある以上、僕らは大学進学についても結果を出すつもりでN高を

N高の入学式

運営してきました。

２０２４年度の合格実績を見ると、東京大学に過去最多となる7名が合格し、国公立大学は東京大学、京都大学を含めて１８９名、国公立と私立の医学部医学科に13名、早稲田・慶應に82名、関関同立（関西圏の難関私大グループ。関西、関西学院、同志社、立命館）に２９１名が合格しています。海外大学も、２０２３年度に初めて合格者数が１００名を超えましたが、２０２４年度も増加し１９３名が合格。「ＴＨＥ世界大学ランキング」１００位以内の海外大学の合格者数も41名となりました（いずれも２０２５年３月29日時点の集計数値のため、さらに増加の見込み）。

２０１９年度以降、Ｎ高では毎年東大合格者が出るようになりましたが、これは通信制高校としては快挙になります。東大は２０２４年度に過去最高の7名が合格する以前、２０２０年度に4名まで増えましたが、その後は1〜2名で推移していました。２０２０年度以降に東大合格者数が伸び悩んだ理由ははっきりしています。それはコロナ禍で全日制高校の中退者が減少したからです。

コロナによって、オンラインを活かしたＮ高の評価は非常に上がりました。そのためコロナによってN高の生徒数は増えたと思っている人が多いのですが、実は違います。正確に言うと中学校からN高に進学する生徒はコロナを経て増加しました。しかしながら、全日制高校をやめてN高に転校、編入してくる生徒が減ったのです。なぜかと言うと、全日制高校をやめて通信制高校に入学してくるのは不登校の生徒が多いのですが、彼らは要するに、登校するのが嫌で転校してくるわけです。コロナで学校が休校になり、そもそも登校しなくてもよくなったために、通信制高校へ転校してくる生徒が大幅に減った。特にリモートの授業へスムーズに移行できたのは進学校が多かったので、進学校からの中途入学者が減りました。

実はコロナ前のN高は、東大にかぎらず難関校の合格実績は、進学校からの中途入学者に支えられていました。進学校でも不登校生はいて、そういう生徒はだいたいN高に転校してきました。それがN高の東大の合格者数をかさ上げしていたのが、コロナでなくなったというのが事実です。というわけで、コロナを経て、N高の学力上位の生徒の構成には合格実績の数値以上の変化が起こっています。

現在、N高の学力上位層を牽引しているのは、進学校から中途入学してくる生徒ではなく、中学を卒業して直接入学した生徒たちです。東大、京大などの国立大学に合格するのも、転入生や編入生よりも、新入生として高校1年生からN高に入った生徒たちが主力となっているのです。

合格実績が伸び続ける理由

どうして合格実績が伸び続けているのか。その理由は多岐にわたりますが、いくつか目ぼしい理由を挙げていきましょう。

最大の理由は、生徒の自己肯定感が向上したことです。先述したように、僕たちは設立当初から、生徒が誇りを持てるようなブランディング戦略をとってきました。設立当初、世間には期待だけでなく偏見も強くありました。しかし、その偏見も徐々に薄れ、それにともなって生徒の自己肯定感も向上してきました。この自己肯定感の向上が、生徒たちの勉強に対するコミットメントにも反映され、ポジティブなスパイラルが生まれています。

それを物語っているのが、進路相談への参加率です。初期は、学校側がどれだけ進学をサポートする仕組みを整えても、難関大学に合格できる実力のある生徒ほど、N高がおこなう進路相談の窓口なんて無視していたのです。また、自分が大学に行けるなんて思っていない生徒も多かった。

ところが、N高の合格実績がどんどん出てきてネットでも話題になり始めると、生徒もN高の大学受験サポートを期待し、信頼するようになってきた。N高が生徒や保護者に向けて発信する大学受験関連の情報の利用率が、明確に上昇してきたのです。また、外部の予備校や塾に通うのではなく、N高が提供している大学進学のための教材を利用する生徒の割合が上昇するという現象が起こりました。

たとえば説明会や模試などの学校イベントに参加する生徒の割合は、毎年、確実に増加しています。特に3年生にならないと卒業後の進路を真面目に考えてくれなかったN高生が、1年生や2年生の時点から進路相談に積極的に参加するように変わっていったのです。進路相談が増えると、その分勉強時間も増え、結果的に成績が向上する。また、N高が提供している面接練習などのプログラムも確実に合格の可能性をアップするのですが、生徒が取り組んでくれないと話が始まりません。N高の進学実績の向上とともにN高の受験対策プログラムへの信頼度は上がっていき、利用してくれる生徒の割合も増え、それによって合格者の数もさらに増えて、進学実績の数字に反映されるという正のスパイラルが発生しているのです。

また、学校の進路指導が効き始めると、生徒が受験する学校も増えるし、合格者の把握も正確になります。進路指導を受けていない生徒は、視野が狭くなりがちで、この大学に行きたいと一度決めてしまうと、自分の実力が足りなくても、その大学以外は受験しないなんてことが起こりがちです。自分の志望する大学だけでなく、合格できる大学をすべりどめとして複数受験するようになったことで、合格者数も大幅に増加しました。主要な私立大学の合格実績を見ると、2021年度は前年度比222%、2022年度は前年度比167%というように、生徒数の増加率以上に合格者が増加しています。驚くべき増加率ですが、種を明かせば、N高生の学力が向上している以上に、進路指導が効いてきたため、生徒1人あたりが受験する大学数が増加しているという事情も大きいのです。

合格実績が伸びているもうひとつの大きな理由として、大学入試において総合型選抜をおこなう割合が増えていることが、N高に有利に働いているという点が挙げられます。N高では、さまざまな課外授業コンテンツや、通学コースで実施している課題解決型学習プログラム「プロジェクトN」など、アクティブラーニングに力を入れています。アクティブラーニングとは、教師の一方的な講義形式ではなく、生徒が主体的に取り組むディスカッションやグループワークなどの学習方法です。テストで測る学力だけでなく、学ぶ力を総合的に判定する総合型選抜においては、アクティブラーニングは相性がいいのです。

しかもN高にはプログラミングに長けた生徒や、グラフィックツールや3Dツールを使いこなせる生徒が大勢います。生徒はお互いに刺激を受け、さまざまなスキルを自主的に身につけていく。これがまた、総合型選抜の入試には有利に働きます。大学側が総合型選抜で入学者を決める割合が年々増えていっていることが、N高の合格実績には大きな追い風になっているのです。

N中等部設立

先ほど、N高にはずっと不登校で小学4年生レベルの分数の計算ができない生徒も数多く入ってくるとお伝えしました。小学生レベルから復習しなければいけない生徒を3年間でGMARCHに合格させることはほぼ不可能ですが、中学1年生からだったらチャンスがあるかもしれないという予備校や塾出身のN高の教職員の意見がありました。それが2019年にN中等部をつくった大きな理由のひとつです。

N中等部からN高に入学して卒業した生徒が2023年の3月に初めて誕生しました。卒業できたのは開校1年目のN中等部に中学3年生から入学した生徒だけなので、数は少ないですが、データとしては、N高に1年生から入学した生徒よりも、合格実績はだいぶ良さそうだという結果が出ています。

先述したように、N高の合格実績が毎年伸びている原動力のひとつは、N高自慢の課題解決型学習プログラムやユニークな課外授業を受けた生徒の総合型選抜の合格率が高いことです。そのカリキュラムはN中等部でも同様です。中学生から、たとえ1年間だけであっても、そういう授業を先んじて受けていた生徒が、N高に入学すると他の生徒よりもスタート地点で有利なのは当たり前です。でも、自分が周りの生徒よりもアクティブラーニングなどに慣れているのでできるという、そういったちょっとした優位は、子どもにとっては絶大な自信につながったりするものです。

だからN中等部から入学した生徒のほうが合格実績も上がるはずだというのは、僕らも予想していたし、期待もしていました。そして、実際にそのとおりの結果が出ています。2024年には、N中等部に中学1年生から入学し、N中等部とN高で合計6年間学んで卒業した生徒の中から、東京大学の合格者も出ました。通信制高校も「中高一貫」のほうが有利だという結果がはっきり出たのではないかと思います。

といってもN中等部は、正式な中学校（一条校）ではないので、本当は「中高一貫」と言うのはおかしいのですが。

多様性こそが強み

N高が合格実績を公表し始めたときに、「新しい学校なのに、旧来の価値観に基づいているのか」とか「東大の合格者数を自慢するなんて失望した」とか、さまざまな批判の声が上がりました。また、「進学実績が良いといっても、生徒の母数が大きいから意味がない」という声もありました。

しかし、これらはN高の本質を捉え損ねています。

N高生は東大に進学してはいけないのでしょうか？

たとえば東京大学（東京帝国大学）の歴史的な役割について考えると、当時の身分にかかわらず、勉強さえできれば国のリーダーになれるという、ある種の社会的平等を達成する装置だったはずです。しかし、現在の東大は、親の年収が1000万円を超える家庭の子どもが進学に有利な大学になっている。小学校のときからSAPIXなどの進学塾に通い、お受験をしてきた子どもたちばかりです。

明らかに現在の東大は、多様性が低下しています。かつての東大は境遇の違いを超えた多様な集団でしたが、今では小学校から東大合格をめざす特殊な世界しか知らない子どもをエリートにするための装置と化しています。これは大きな問題だと思いますが、しっかりと考える人はあまりいないのではないでしょうか。

それでは、どうすればいいか。ありがちな議論は、たとえば貧困家庭だとか、障害者だとか、そういう社会のさまざまな階層を代表する子どもをバランスよく東大生にして、ひいては日本のエリートを養成していこう、とかいうものじゃないでしょうか。多様性というと、そういうことを人間は考えがちです。しかし、僕はそれは多様性の本質ではないと思います。そんなことをしても、社会的分断を深めるだけではないでしょうか。

本当に重要なのは、社会にはさまざまな人がいるという事実を理解するエリートを育成することです。世の中には自分たちのような小学校から受験勉強をしている人たちだけではなく、子どもを塾にも通わせられない貧しい人もいれば、ハンディキャップを持つ人もいる。世の中とはそういうものだと理解して成長した人がエリートになることが大事なのではないでしょうか。

ここにN高から東大生を出す意味があります。N高は多様な生徒を受け入れるように設計されています。実際、生徒たちの背景はじつに多様で、この社会には多様な人がいることをおのずと感じるようになっていきます。そういう生徒から日本のエリートを輩出することは、僕たちの社会的使命のひとつだと考えています。

「生徒の母数が大きいから意味がない」という批判も的外れです。N高では大学進学をめざしていない生徒がそもそも半分くらいはいますし、生徒の偏差値もバラバラです。母数の大小ということを問題にしたいのなら、同じ偏差値のグループでの合格実績を見るべきでしょう。N高のように多様性がありすぎる学校の場合、率を考えること自体が間違っています。重要なのは人数です。

たとえば、東大をめざしている生徒にとって、同じように東大をめざしている仲間がどれくらいいるかが重要です。N高には、難関大学をめざす生徒が参加するコミュニティ「Class H」があります。東大生および東大出身者で構成されるチームとの議論・交流やオリジナルテストの実施によって、Class Hの仲間で刺激をし合い、結果的に東京大学をはじめ多くの難関大学の合格者が出ています。東大にかぎらず、どの大学であれ、就職の進路であれ、部活動であれ、仲間を見つけやすいことが生徒にとってはとても重要なのです。そのために重要なのは人数です。ネットの学校だから、仲間は全国にちらばっていていい。ネットでつながればいいのです。

他にもN高の「eスポーツ部」は、全国の高校生eスポーツ選手が集まる大会で毎年のように優勝しています。N高の他にもeスポーツが強い高校はありますが、そういう高校の多くはeスポーツの専門コースをつくって授業に組み込んでいる学校です。毎日、プロが指導している学校です。その結果、授業で教えている特定のゲームに関しては、N高並みに強い高校が最近は現れています。でも、N高の場合は、どんなゲームでもまんべんなく強い。強さの秘訣はずばり、N高の生徒数が多いので、どんなゲームでも全国から強いプレイヤーが集まってチームをつくれることなのです。

これはあくまで一例ですが、さまざまな興味を持って、さまざまな進路をめざす生徒が、ネットを通じて仲間に出会える可能性が高いことが、N高の持つ本質的な利点です。だから、全員が似たようなレベルの大学受験をめざす高校を評価するような尺度でN高を比較するのは間違っています。

チャットでのカウンセリングが自殺率を下げた

現在、日本の高校生の死因のトップは自殺です。世代特有の深刻な問題ですが、特に、通信制高校に通う生徒の場合、なんらかの問題を抱えている人が多いこともあって、自殺率は全日制高校の2~3倍という調査もあります。N高のように生徒数が多い学校では、正直なところ、毎年数名の自殺者が出ています。

そこで僕たちはカウンセラーを導入し、自殺率を下げる取り組みを進めています。特に大きな変化があったのが、3年ほど前に始めた「チャットでのカウンセリング」です。従来のカウンセリングは基本的に対面が中心で、最近では電話や、Ｚｏｏｍのようなオンライン形式によるものも増えていますが、それでも対面に近い形式が主流です。そんな中、僕たちはチャット形式のカウンセリングを増やしました。

その結果、精神的な問題を抱えている生徒のカウンセリング利用率が劇的に向上したのです。実はカウンセリングを生徒が利用してくれるかどうかの実績と自殺率との間には強い相関関係があります。簡単に言うと、カウンセリングさえ受けてくれれば、生徒の自殺率は、おそらく大幅に減少する可能性が高い。自殺を減らす上で、相談相手がいるかどうかは、とても重要です。ところが悩んでいる生徒が、カウンセリングをなかなか受けてくれません。知らない他人に相談するというのは、それはそれでハードルが高い。

なぜチャット形式だとカウンセリングを受けてくれるのか。顔を出す形式だと、恐怖心が強くて相談できない生徒が多いからでしょう。声だけの電話相談は顔を出すよりはハードルが低いですが、それでも嫌がる生徒が多い。でも文字だけのチャット形式なら悩みを話せる生徒が多い。これが大きな発見でした。

実際、グループワークでも似たような傾向があります。今の若い世代は、対面でのグループワークだとほとんど話さない。でも、Ｚｏｏｍのようなオンライン形式になると話し始めます。

他にも、心や体のことならなんでも相談できる「保健相談窓口」もオンラインフォームで設置し、ここに来た相談の対応は養護教諭や心理士等の専門家から成る保健支援チームでおこなっています。対応をメンターと切り離し、なんでも相談可能とすることで、生徒の抵抗感の軽減を図るとともに、この相談窓口を入り口として、必要な生徒をオンラインのカウンセリングにつないでいます。

生徒のメンタルケアはN高としても重要なテーマだと考えていて、毎年、いろいろな数値を計測しつつ、改善の努力を続けています。あまり外部に公表するような取り組みではありませんが、チャット形式のカウンセリングが相談する生徒の比率を飛躍的に上げるという事実は、この機会に世の中に共有したいと思います。

3章

キャンパスは無限大

——ZEN大学がめざすこと

格差だらけの大学進学

この章では、２０２５年4月に開学するＺＥＮ大学のすべてを、包み隠さずお話ししましょう。

ＺＥＮ大学は日本最大の通信制高校を生みだしたドワンゴと、日本最大級の民間財団である日本財団がタッグを組んで設立した本格的なオンライン大学です。

簡単に大学の概要を説明しておくと、学部は知能情報社会学部のひとつ。学生は、この学部で２７９科目から必要な科目を選択して学ぶことになります。大学卒業資格に必要な授業の履修はオンラインですべて完結します。1年あたりの授業料は38万円、1学年あたりの入学定員は３５００人です。

実は当初の入学定員は５０００人の予定でした。これは少子化で入学者の確保に悩む大学業界ではかなり衝撃的な数字だったようです。そのあたりが影響したのかどうか、文部科学省（以下、文科省）の大学設置・学校法人審議会でも５０００人という数字が議論になり、結果、ＺＥＮ大学の入学者予測の見込みの甘さもあったのでしょう、入学定員を３５００人に減らした上で大学設置を認可されました。

なぜ僕たちは、１学年５０００人規模の巨大なオンライン大学をつくろうと考えたのか。その最大の理由は、オンライン大学はある程度の規模がないと授業料を安くできないからです。

これから詳しく説明するように、オンライン大学には、大学進学における格差の問題を解決できる可能性があります。そのためには、だれもが利用しやすいように授業料を低く抑える必要があります。そして授業料を安くするためには、ある程度の規模を持った大学にすることが必要なのです。

最初に、日本の大学進学の格差問題を説明しましょう（なお以下で引用する統計は、設置認可の準備を進める際に記者会見等で使用したものです。最新のデータが公表されているものもありますが、大勢に変化はありません）。

まず大前提として、意外かもしれませんが、日本の大学進学率は世界的に見て、決して高くありません。ＯＥＣＤ（経済協力開発機構）加盟国の中では、平均を下回っているという調査もあります。

この日本の低い大学進学率の背景には、大学進学率の4つの格差が絡まりあっているのです。

第一に地方格差です（図表2、100頁）。日本の大学進学率は約60％ですが、40％以下、50％以下の地域が多数存在しています。たとえば、東京都は70％近くになっていますが、鹿児島県は36・1％しかありません。

このように日本の大学進学率は世界的に見て決して高くありませんが、地方ではさらに低くなっているという現状があります。

第二に、世帯年収による進路の格差があります（図表3、101頁）。日本の場合、世帯収入が多いほうが大学に進学しやすいのですが、注目したいのは、学費が安い国公立大学に進学する学生の多くが、世帯年収の高い家庭の子どもたちであることです。理由は単純で、塾や予備校に通わせる余裕のある家庭の子どもたちが、国公立大学に合格する確率が高いからです。

教育にお金をかけることができない家庭の子どもたちは、大学に進学する可能性は非

図表2　都会と地方の格差

順位	都道府県	大学進学率
1	**東京都**	**69.7％**
2	京都府	67.2％
3	神奈川県	63.0％
〜		
45	宮崎県	40.2％
46	山口県	39.6％
47	**鹿児島県**	**36.1％**

33.6
ポイント差

出所）文部科学省「令和４年度学校基本調査」を基に算出

図表３　保護者調査による高校３年生の進路
（世帯収入別）

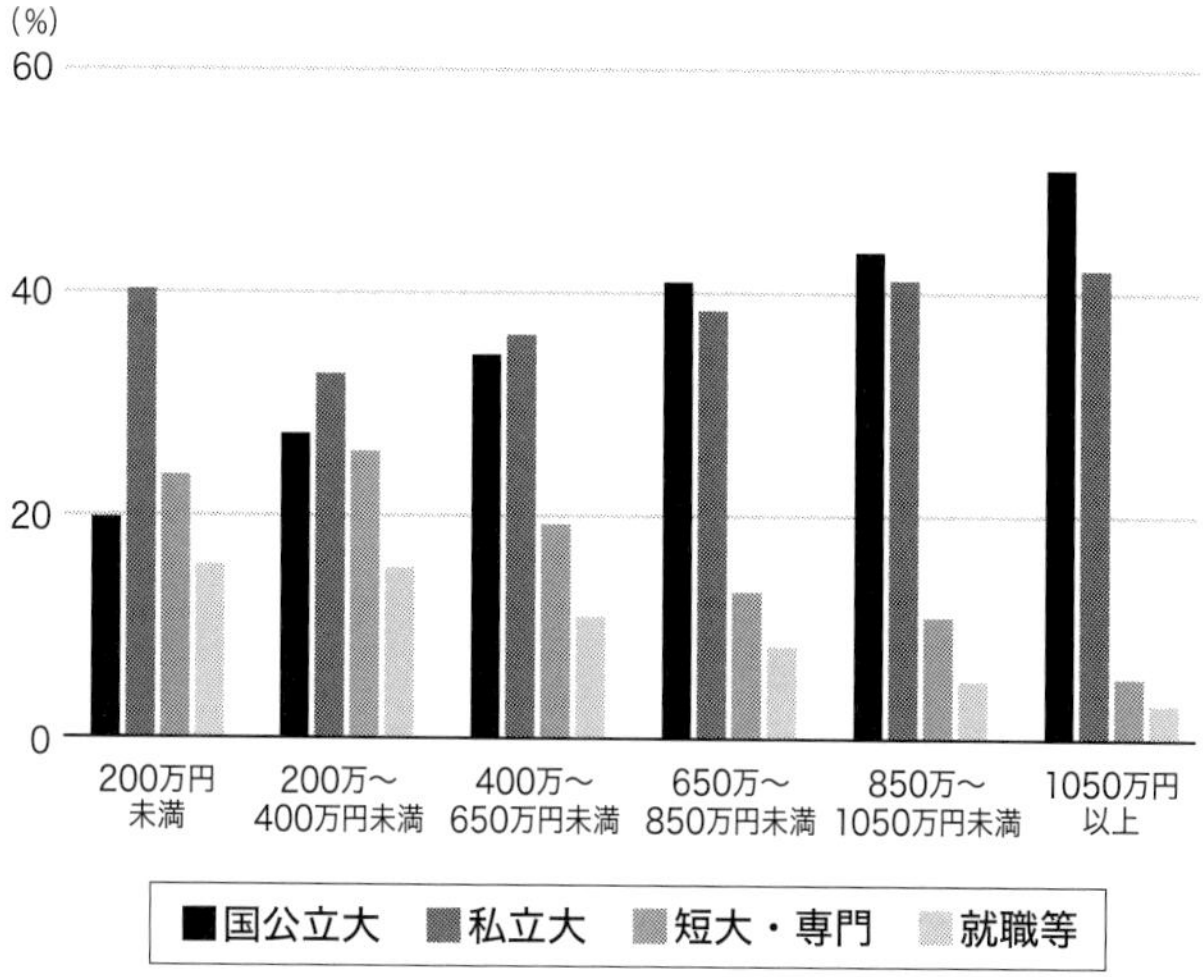

出所）文部科学省 2021年度「高校生の進路に関する保護者調査」を基に算出

常に低いのが現実です。もし進学できたとしても、高い学費を負担しなければならない私立大学に行くしかない。この構造は、日本の大学進学の大きな課題となっています。裕福な家庭の子どもたちが学費の安い国公立大学に進学する一方で、経済的に厳しい家庭の子どもたちは学費の高い私立大学に進学せざるを得ないという現実があります。

第三に男女の格差があります（図表4）。日本の47都道府県のうち40道府県では、男子よりも女子の大学進学率が低い。これは、地方では奨学金を借りて大学に進学することが一般的であり、返済の負担を考慮して、特に女性の場合は大学進学を諦めるケースが多いからです。親が「結婚前の娘に借金を背負わせたくない」と考えるため、女子が大学に進学できないという状況がまだ多く存在します。

第四に、大学生活にかかる費用の負担にも格差があります（図表5、105頁）。生活費と授業料について、国立大学に通う実家暮らしの学生と、私立大学に通う一人暮らしの学生とを比べると、合計で年間130万円以上の差があります。先ほど言ったように、世帯収入が多い人ほど国公立大学に進学しやすいわけですから、地方に住んでいて世帯収入が少ない学生が、都会の私立大学に通うとなると、学費だけでなく生活費の負担も

図表4　男女の大学進学率の格差

順位	都道府県	男子進学率 − 女子進学率
1	埼玉県	8.1%
2	福井県	8.1%
3	北海道	7.9%
4	山梨県	7.0%
5	大阪府	5.8%
6	奈良県	5.6%
7	宮城県	5.5%
8	鹿児島県	5.5%
9	岐阜県	5.4%
10	新潟県	5.4%

出所）文部科学省「令和4年度学校基本調査」を基に算出

増える。最も恵まれていない環境の学生が、都会で高い生活費と学費を負担しなければならないのです。

このように、所得が高く恵まれている環境にある人ほど大学進学にかかる費用が安くなり、所得が低く恵まれていない環境にある人ほど大学進学にかかる費用が高くなるという、大学進学費用の逆進性が、日本の大学進学率を低くしているのです。

僕たちは、オンライン大学の設立を通じて、この現状を大きく変えられると考えています。地方の大学進学率を向上させ、学費の面でも格差を是正することが、本格的なオンライン大学をつくることで実現できると考えているのです。

オンライン大学は、従来の大学に比べて、施設費や人件費などのコストを抑制することができます。ＺＥＮ大学の年間授業料38万円という額は、国公立大学の年間授業料を下回っています。たとえば東京大学の授業料は、２０２５年度入学生から、年間53万５８００円から約11万円引き上げて64万２９６０円になります。おそらく他の国公立大学も追随して値上げをするでしょう。

僕たちは、国公立大学と比べても、低価格な学費を実現しています。

図表５　１年あたりの大学進学費の格差

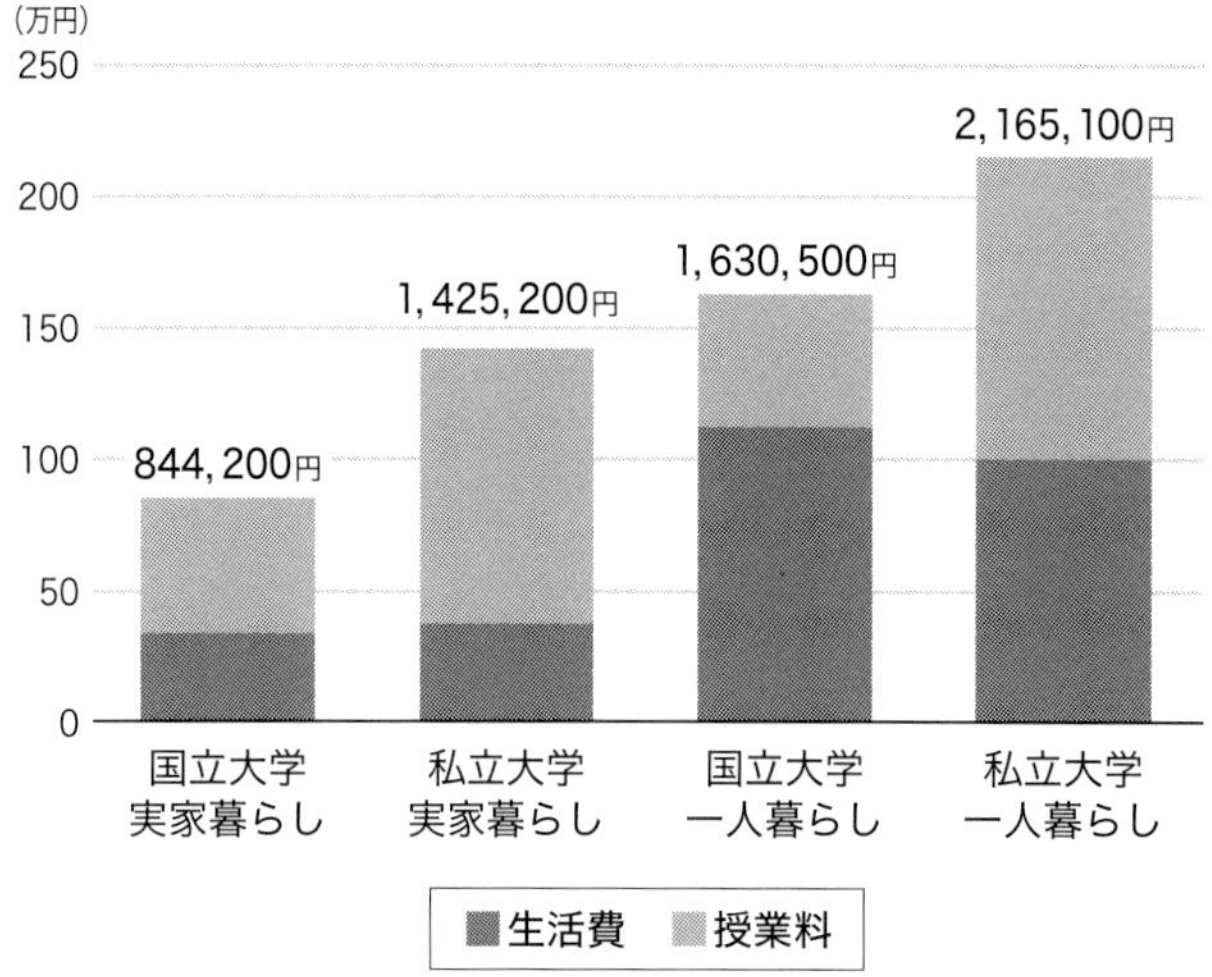

出所）日本学生支援機構「令和２年度 学生生活調査結果」を基に算出

さらには大学運営のパートナーである日本財団のサポートを得て、奨学金制度も充実させました。最大５００名まで授業料、入学検定料、入学金をすべて免除する日本財団ＺＥＮ大学奨学金、最大１００名まで年間原則50万円（例外的に１００万円）を支給する特待奨学生支援制度、どちらも返済不要です。この２種類の奨学金によって、６００人の意欲ある学生を経済面で支援する体制を整えています。

なぜ「N大学」ではなく「ZEN大学」なのか

ここで、Ｎ高やＺＥＮ大学という名前について触れておきましょう。

なぜＮ高という名前にしたかというと、無色の名前をつけたかったからです。無色の名前とはなにかというと、名前を聞いてもあまり先入観としてのイメージが湧いてこないような名前のことです。自信のある新しい商品やサービスを世の中に出す場合、無色の名前をつけることは、ブランディングの鉄則だと思っています。無色の名前は、成功することで新しい色（イメージ）を塗ることが簡単だからです。

高校の場合に、無色の名前とはどんなものでしょうか。普通の公立高校は地名に紐づいた名前をつけます。ところが全国から生徒を集める通信制高校の場合は、日本高校とかにするのはちょっと憚《はばか》られますから、なにか地名ではなく抽象的なカタカナの名前をつけるケースが多いです。実名で名前を挙げて申し訳ありませんが、たとえば、クラーク記念国際高等学校やルネサンス高等学校などです。高校ではありませんが、サイバー大学というものもあります。これらは「抽象的なカタカナの名前の新しい学校」というカテゴリーに消費者の中でまとめられてしまいます。それでは無色の名前とは言えません。そこで、名前を聞いてもなにもイメージが浮かばないような斬新なものを探して、たどりついたのが「N高等学校」です。高校の正式名称とすら、もはやイメージできない名前です。略称のような名前ですね。これが「N高」にした理由です。

本校を置く沖縄県の総務私学課に学校設立の申請をしたとき、「N高」という名称について、担当者から「まだ略称なんですね」と言われました。そのとき「それが正式名称です」と答えたところ、担当者は30秒ほど黙り込んだそうです。沈黙ののち担当者は、「ダメというルールはありませんね」とつぶやいたそうです。このエピソードからもわかるように、「N高」という名前は、当時は初めて聞いた人に衝撃を与えました。「正式名称なの?」と多くの人が驚いていましたが、今ではすっかり定着したのではないでしょうか。無色の名前というのは、使ううちになじんでくるものです。そのときにはすでに「N高」というブランドのイメージが定着しているわけです。

それでは、ZEN大学はどうか。N中、N高とあるのだから、N大とするのが自然な発想だと思うかもしれません。なぜN大にしなかったかというと、まず「日大っぽい」という理由がありました。また、「N大」という字面があまり格好よくなかった。さらに、大学というものはグローバルなブランディングを考えなければなりません。国内ではプロモーションをし続けて「N高」というブランドの認知度を高めることに成功しましたが、ワールドワイドで認知させる自信はないと感じました。

大学名を考えていた当時、僕はあるアメリカ人作家のSF小説を読んでいて、そこに超能力者たちがつくったZEN国という勢力が登場したのです。アメリカ人にとって、「ZEN」という言葉は、日本の「禅」の具体的な意味からだいぶかけ離れたニュアンスで認知されているのだなと思いました。もっとスピリチュアルなイメージがある。しかも、きわめてポピュラーな単語です。たった3文字で日本のものであることを明確にできるし、東洋の神秘的な叡智という意味合いもあり、AIの得体の知れない知性と重なるイメージもある。この名前はAI時代の日本の新しい大学名にもふさわしい、海外でも瞬時に認知されるだろうと考えました。宗教的な大学と誤解される懸念もありましたが、アルファベット表記にすれば問題ないだろうと判断し、ZEN大学という名称にすることに決めたのです。

ちなみに、もともと「N高」は「Z高」という名前にするつもりでした。「究極の学校」というイメージで「Z高」を考えたのですが、Z高だと通信添削で有名なZ会と混同される可能性があります。そこでZを使うことは諦めて、「Z」を90度倒して「N」にしました。つまりNはもともとZだったのです。「Z＝N」です。「＝」は英語でequalですから、「Z equals N」ですね。頭文字を取ると「ZEN」になります。N高との連続性もうっすらと感じられるわけです。

オンライン大学は規模が大きいほど教育の質は上がる

1学年3500人という人数は、多すぎるのではないかと思う人もいるかもしれません。ここは強調したいところですが、オンライン大学は規模が大きくなるにつれて、質の高い教育を提供できるようになります。普通の教育機関では、生徒・学生数が少ないほど質の高い教育が提供されると言われますが、オンラインの学校では逆です。生徒・学生数が増えることが、教育の質の向上につながります。なぜかと言うと、1万人のためにつくる授業のほうが、100人のためにつくる授業よりも多くのお金と時間をかけることができるからです。

大規模なオンライン大学は、授業の質を高めるため、そして学生一人ひとりをサポートするためのコストを十分にかけることができる。大規模だからこそ、安い学費で質の高い教育を提供できるわけです。

学ぶ側にとっても、オンライン大学のメリットは大きいと思います。まず、場所の制約がありません。インターネットがつながれば、どこでも学べます。たとえ日本にいなくても勉強ができる。時間の制約も同様です。動画を通じた講義はいつでも視聴できます。自分の好きな場所、好きな時間に学べるのです。

また、学生のレベルや目的に合わせた専門性の高い授業をつくることもできます。オンライン大学では、豊富なラインナップの授業が提供されています。普通の大学の授業は、一度おこなったらそれで終わりですが、オンライン大学なら質の高い授業を何度でも視聴できる。先生が同じテーマで繰り返し授業をおこなう必要がありません。これがオンライン大学の大きなメリットです。

おそらく未来の大学は、どんどんオンライン化していくでしょう。そのときにオンライン大学の質は、生徒の多さで決まるのです。オンライン大学時代に、大学は世界的な大規模化と寡占化が進むはずです。

そのときに、日本が海外勢の大規模オンライン大学に席巻されないように、日本発の大規模オンライン大学が必要だというのが、僕らがZEN大学をつくったもうひとつの大きな理由です。

アリゾナ州立大学の躍進

僕たちが設立したN高は、世界でも珍しいオンラインの高校です。ただし、高校では世界唯一に近いかもしれませんが、大学レベルになるとオンライン大学はすでにいくつも存在しています。世界の7都市で生活しながら学ぶ「グローバルキャンパスモデル」で有名なミネルバ大学は、学生数が数百人という小規模のエリート大学です。授業は完全オンラインで、もっぱらアクティブラーニングがおこなわれます。ユニークなプログラムで評価が高いですが、ZEN大学のめざしている構想とは、方向性が少し違います。

僕らがベンチマークとして注目したのは、日本ではあまり紹介されていないアリゾナ州立大学です。

アリゾナ州立大学は、世界で最もイノベーティブな大学ランキングでミネルバ大学が1位になったときに、2位だった大学です。もともとは普通の州立大学でしたが、約10年前からオンライン教育に力を入れ始め、学生数が急増しました。現在では、十数万人

図表6　アリゾナ州立大学の学生数

300以上のオンライン学位プログラムを提供するアリゾナ州立大学はオンライン学生が大幅に増加

	2018年	2022年	増加率
通学 Campus immersion	73,875人	80,065人	8.38％
オンライン Digital immersion	**37,374人**	**62,551人**	**67.37％**

学部生の**33.5**％が**ファースト・ジェネレーション**

出所）アリゾナ州立大学ホームページ

の学生を擁する巨大な大学になっています（図表6）。

この大学の自慢のひとつは、学生の3人に1人がファースト・ジェネレーションだということです。ファースト・ジェネレーションとは、両親が大学に行っておらず、自分が家族の中で初めて大学に通った学生のことです。つまりアリゾナ州立大学は、進学格差の解消にオンライン大学が役立つことを証明しています。

アリゾナ州立大学の教育理念が素晴らしく、その一部を引用すると、「measured not by whom it excludes, but by whom it includes and how they succeed」（だれを排除するかではなく、だれを受け入れ、その人々がどのように成功するかによって評価する）とあります。普通の大学は学ぶ資格のない学生を排除（exclude）しますが、アリゾナ州立大学は学生が成功できるように受け入れる（include）ことに重きを置くことを宣言しているのです。

このコンセプトこそ、オンライン大学の特徴を雄弁に語っています。教室の物理的な制約がないため、勉強したい人すべてに学びの機会を提供できるわけです。

僕たちはアリゾナ州立大学を重要なモデルのひとつとして参考にしながら、ZEN大学をつくっています。先ほど話したように、大学進学格差を解消して、多くの人に学びの門戸を開くことに加えて、オンライン教育の利点を活かして、質の高い授業を安価で提供する。単にだれでも入学できるというだけでなく、大規模だからこそ可能となる高品質な教育を提供するという点が重要です。

ＺＥＮ大学には通学が必要なキャンパスも、スクーリングもありません。大学卒業資格を得るために必要な科目はすべてオンラインで授業を提供します。実技的な科目についてもオンラインで対応します。

１学年３５００人、４学年全体で１・４万人という規模を見込んでいますが、これだけの規模でも、まだまだ足りません。学生数が増えれば増えるほど、質の高い教育コンテンツの開発や、学生のサポート体制に投資することができるのです。

大学設置認可までの道のり

Ｎ高の実績があったとはいえ、高校と大学とはまったく違う世界であり、ＺＥＮ大学を設立するのは険しい道のりでした。

僕らが大学をつくるにあたり、国内でモデルにしたのはSFC（慶應義塾大学湘南藤沢キャンパス）です。実はZEN大学の設立メンバーにはSFCに関わった教職員や卒業生がたくさんいます。ZEN大学設立の隠れテーマは、今の時代にSFCをもう一度オンライン大学としてつくり直したらどうなるかです。

実際のところ、ZEN大学の学部が知能情報社会学部のひとつだけで、その中で文理も合わせた雑多な学問を学べるという設計はSFCをモデルにしています。

実はこのSFCのようなスタイルは、新設大学としては認められた例がないということを、大学設置審査のコンサルタントからは警告されていました。認可されるためのテクニックもいろいろあるようでしたが、僕らは前例がなくても自分たちが本当につくりたい大学を、ごまかさずに正々堂々と訴えかけることにしました。

そうなると過去の他大学の設置認可申請書類があまり参考にならず、自分たちで一から認可の申請書類を書かなければなりません。これが大変な作業でした。

大学は3つのアカデミック・ポリシー、すなわちディプロマ・ポリシー、カリキュラム・ポリシー、アドミッション・ポリシーを、まず定める必要があります。これは大学での憲法のような大原則になるわけですが、その3つのポリシーどおりに、具体的な大学設置の計画が立てられているか否かが、大学設置審査における大きなポイントになります。たとえば企業の経営理念のようなものは、ある種の理想を表す目標であって、具体的な社内規定や事業内容とかが経営理念に矛盾していないかをチェックされるというようなことはないわけですが、大学のアカデミック・ポリシーというのは、本当に実行しているかわからない綺麗事を書けばいいというようなものではありません。大学の運営計画がアカデミック・ポリシーと矛盾していないかどうかを、きちんと具体的に説明できるということが、大学設置認可の審査過程では問われるわけです。

例として、「数理科学に力を入れる」と掲げながら、カリキュラムに数理科学科目が必修として組み込まれていない場合、その矛盾を指摘されたりするのです。

設置認可の申請書類は1年以上の準備期間を経てつくられるものですが、どういう方針でつくるかがなかなか決まらず、締め切りの3ヶ月前にメインの担当者が交代するという事件が起こりました。現場ではかなり絶望的な空気が流れたのです。

そこから新しい担当者が獅子奮迅の頑張りを見せて、また、若山正人《まさと》学長以下の経験豊かな教授陣にもアカデミック・ポリシーの再設計のため連日連夜の長時間会議につきあっていただき、結果、素晴らしい設置認可申請書類が完成しました。

設置認可申請書類の細部にわたるまで、ちゃんとアカデミック・ポリシーと整合性がとれているかをチェックしてくれたのは中澤俊彦さんです。彼は京都大学の数学科の出身ということで、数学の論文のギャップを探すような精密さで、設置認可申請書類に書かれているZEN大学の主張の中で、論理的な整合性がとれていない箇所を指摘し続けてくれました。ZEN大学としての主張を守りつつ矛盾を解消する方法については、連日、学長以下の有志で夜遅くまで知恵を出し合いました。おかげでZEN大学をつくる、つくったという連帯感と結束は強まったと思います。

僕自身も設立の趣旨に関わる部分などは、自分で書き直しました。審査で指摘されそうだからと危ない部分を削除するという作業をくり返していては、そもそもZEN大学をつくろうとした意義や思いが消えてしまうと考えたからです。

結果としては、ほとんどギリギリのスケジュールではありましたが、非常に完成度の

ＺＥＮ大学の開学決定を発表した記者会見。
左から著者、笹川順平日本財団専務理事、若山正人ＺＥＮ大学学長

高い設置認可申請書類が完成しました。恐れていたアカデミック・ポリシーとの整合性についての指摘は、非常に少なかったです。あらためて、一緒につくっていただいた関係者のみなさんの努力と能力の高さに感謝いたします。

社会人ばかりの通信制大学

ここで、現在日本で通信制高校と通信制大学に通う人の数を比べてみましょう。

通信制高校に通う生徒数は、2024年度のデータによると約29万人ですから、1学年に9万人以上いる計算になります。それにもかかわらず、通信制大学に進学する高校3年生は2000人程度しかいません。中学3年生から通信制高校に入学する生徒は、かなり一般的になってきましたが、高校3年生から通信制大学に進学する学生は、まだ、とても少ないのです。これでも通信制大学への進学者は急激に伸びていて、平成時代は500人もいなかったのです。

どうして、こんなに少ないのか。現状、通信制大学は高校からの進学先として認識されていないからです。実は放送大学や他の通信制大学の多くは、社会人が学生の８割から9割を占めているのです。

この状況は、かつての通信制高校と似ています。日本の通信制高校の生徒数は、N高が設立されるまでは約10年間横ばいでしたが、設立されてから急激に増加し、現在では3学年で約29万人に達しています。

特にN高以降に変わったのは、中学3年生から直接に通信制高校に進学する生徒が急増したことです。それまでの通信制高校は、全日制に通えなくなった生徒が高校を退学して、途中からやむを得ずに入学するケースが多かったのです。しかしN高は、「自分から進んで選ぶ通信制高校」という新しい概念をつくり上げました。その結果、中学を卒業して直接に通信制高校に入学する生徒が増えたのです。

同じように僕たちは、社会人の学び直しのためではなく、高校を卒業して当たり前に進学するオンライン大学をつくることによって、通信制大学の状況も変えたいと考えています。

卒業率を改善する3種類のアドバイザー制度

通信制大学が高校からの進学先として認識されていない理由のひとつに、卒業率の低さがあります。これまでの通信制大学は、教材が郵送されてきて、それに回答して郵送で返す添削方式が一般的でした。

そんなやり方では続かないのが当たり前です。たとえばNHKラジオ講座テキストの『基礎英語』も、学習がスタートする4月号のほうが学習に区切りがつく3月号より圧倒的に売れるそうです。どんどん途中で脱落するのです。通信制大学でも同様に、入学したての頃はやる気に満ちていても、次第に授業から遠ざかって、途中で挫折してしまう状況が見られます。

どのようにすれば、通信制大学の卒業率が上がるのでしょうか?

実は通信制高校にその答えがあります。

通信制高校でも、公立の通信制高校の卒業率は非常に低くなります。一方、私立の通信制高校は卒業率が高く、N高はその中でも全日制の公立高校に近い卒業率を誇っています。

なにが違うのかというと、人の手が入るかどうかなのです。生徒が自分で勉強して課題を提出して、学校はそれを添削するだけ、というやりとりで学習意欲を継続するのはとても難しい。単純ですが、レポートの提出が遅れていたら、担任の先生から電話がかかってくる。これだけで卒業率はぐんと上がるのです。

2章でも紹介しましたが、N高の場合、さらに複数メンター制を導入して、生徒が先生に相談しやすい仕組みをつくっています。また、大学生など年齢の近いTAもたくさんいます。希望する生徒には1・5ヶ月に1回を基準としてメンターとの1対1の面談を実施しています。さらには学校内で友だちがつくれるように、さまざまな支援活動を、数値目標を立てて実施しています。

通信制の学校と言っても、結局は人間関係をどうやってつくるかが、学習を継続して、ちゃんと卒業するためには重要なのです。

N高の取り組みも参考にしながら、ZEN大学ではクラス・コーチ、アカデミック・

アドバイザー、キャリア・アドバイザーという3種類のアドバイザー制度を導入しました。

クラス・コーチは主に学修の進捗管理を担当し、進捗の良くない学生に電話をかけるなどのフォローをします。

アカデミック・アドバイザーは学修のサポートをおこない、学生が将来どういう進路に進みたいかに合わせて、どのような科目を履修すればいいかをアドバイスします。

キャリア・アドバイザーは、学生の希望職種や学生自身のスキルに合わせて就職活動などを支援します。

自分がなにをめざすのか、そのためにはなにを勉強する必要があるのか、こういった理解が進めば進むほど、学習時間や学力、そして卒業率も上がっていくというのはN高でも実証できています。高校よりも実社会との距離が近い大学では、同じことをより本格的に実行していきます。

ここまで手厚く学生一人ひとりをケアしている大学はほとんどないのではないでしょうか？　他の大学には、入学時に簡単なオリエンテーションをしたら、後は放置プレイのところも多いように思います。ZEN大学がめざすオンライン大学は、IT技術を駆使して、むしろ一般の大学よりも、充実したサポート体制でもって、学生が卒業して社会へとはばたいていくことを支援していきたいのです。

大学入試へのアンチテーゼ

ZEN大学の入試については、高校を卒業していれば、よほどの問題がないかぎり、基本的にだれでも入学できるようにしています。

なぜか。まず学費面から説明しましょう。

学費には大きく2種類があると考えています。ひとつは小学校、中学校、高校、大学といった公教育の学費。もうひとつは塾や予備校など、主に大学受験のために支払われる学費です。この2つのうち、日本の家計を大きく圧迫しているのは、実は後者の大学受験のための学費ではないでしょうか。

ZEN大学は授業料そのものが安いだけでなく、入学を決めた時点で予備校に通う必要がありません。受験勉強をする代わりに、大学で学ぶ内容を先取りして勉強することができ、入学後の学習をスキップできます。これにより、公教育にかかる費用が軽減されるだけでなく、大学入試のための教育費――つまり本来の学問とは言えない、ただ大学に入るためだけの学費――を削減することが可能になります。

学費とともに、大学受験にかける時間やエネルギーの負担も深刻な問題を生み出しています。

今の若い子たちが直面している大学受験は、僕たちの時代とはまったく様子が変わっています。1968年生まれの僕の世代では、大学受験勉強は高3の夏に開始しても間に合うものでした。真面目な受験生でも、高校2年生から受験勉強を始めるのが一般的でした。でも、今の若い子たちは、小学校から受験勉強をしています。そうでないと、良い中学や高校、大学に入れないという状況になっているからです。

さらに、大学入試では教科書に載っている範囲以外のことを出してはいけないというルールがあります。これに一体、なんの意味があるのでしょうか。日本の理系で一番頭が良いのは灘高生だと思いますが、日本で最も優秀な生徒たちが、東大理三に何番で入るかのために青春の最も貴重な、頭が柔軟な時期を無駄に使っているというのが実態です。本当に優秀な生徒は、大学受験とは関係なく、大学レベルの勉強をすればいいし、それを十分に吸収できる力もあります。ところが今の制度の下では、みんなが大学受験の競争にすべての時間と労力を使ってしまっている。これは大きな問題です。

僕は数学が趣味で、中高生に無料で大学レベルの現代数学を教える塾を運営（現在はN高に移管）しています。ただし、ルールとして受験数学は絶対に教えないという方針でやっています。数学科の大学院生たちに協力してもらいながら、これまで8年ほど運営してきましたが、かなり優秀な生徒が集まってきています。一流の専門誌に論文を投稿するような高校生もいます。数年前、そういう優秀な生徒のひとりが、高校3年生となって大学受験をしました。ところが、数学しか勉強しておらず、共通テストで点が取れなかったため、日本の国立大学はどこへも行けない。なにか飛び抜けた実績があれば受かる可能性のある総合型選抜でも、すべて落ちてしまいました。彼は高校時代に優れた数学の論文を何本も書いていたのに、日本では大学に進学する道が見つからなかったのです。

彼がどうしたかというと、しょうがないのでカリフォルニア工科大学の博士課程に進学しました。つまり、飛び級です。高校を卒業して、学士も修士も飛ばして博士課程からスタートしたのです。こういう生徒を受け入れる日本の大学がなかったのです。

どちらが間違っているかは明らかでしょう。

日本の若い才能を大学受験にだけ注力させるという今の大学受験制度は、大きく間違っています。こうした現在の制度への抗議の意味も込めて、ZEN大学は高校を卒業した生徒なら基本的にだれでも入学できるようにしようと思っているのです。

ZEN大学を設立した動機のひとつは、こうした構造そのものを根本から解体したいという思いです。「ZEN大学は入試がなくて学費が安い」というだけではなく、「大学入試のために無駄な時間やお金を費やすのはやめましょう。もっと役立つ勉強をしましょう」というのが、僕たちが世の中に最も伝えたいメッセージです。

このことと関連しますが、僕たちはZEN大学とN高を接続しようと考えています。つまり、ZEN大学の授業をすべてN高で受けられるようにするのです。

文科省では高校で大学の授業の単位が取れる仕組みを20年以上前からつくっています

が、利用する高校生はまだまだ少ない状況です。N高では、希望する生徒はZEN大学の講義も受けられて単位も取得できる仕組みを用意するつもりです。優秀な生徒だけでなく、優秀でない生徒にとっても、受験勉強より社会に出て役に立つ勉強はいくらでもあります。

日本は実学教育の地位が低すぎる

ZEN大学で重視したいことは実学を教えることです。実学とは、要するに学生が卒業して社会に出たときに間接的に役に立つような教養としての学問ではなく、直接的に役立つような学問ということです。

なぜこうした課題感を持っているのかというと、日本の教育制度が抱える問題のひとつに、専門学校のような職業に関連した学習をする学校の地位が低すぎることがあって、その状況をなんとかしたいと思うからです。

大学の目的には、研究をおこない研究者を育成することを重視する研究大学と、職業教育を重視する職業大学の2つがありますが、日本の場合、教育の内容は研究大学なのに、卒業生のほとんどがサラリーマンとして企業などに就職するという、いびつな状況にあります。さらに、職業教育をしている教育機関は、専門学校のように、大学よりも一段下の存在として扱われています。

たとえば東大や京大にしたって、研究者を養成する研究大学です。しかし、東大や京大を出ても研究者になる人はほんの一握りです。大半はエリートのサラリーマンになる。にもかかわらず、大学では、実学を軽視して、研究者のための勉強をさせているのです。そして、職業教育をする専門学校は大学より格下に位置づけられていて、エリートのサラリーマンにはなりにくい。こうした実学軽視は、日本の大学教育制度の大きな歪みのひとつだと思います。

これは日本だけの現象です。アメリカやヨーロッパでは、職業教育の専門学校の地位や教育レベルは非常に高い。むしろそういった専門職に就くためには一流の研究大学を出たって意味がなかったりします。社会からも必要な存在として尊敬されているのです。

この日本の状況は長年にわたるもので、簡単には変えられないと思っています。大学と専門学校の地位の逆転は、10年、20年では変わりません。じゃあ、大学という制度の中から変えるしかない。

ＺＥＮ大学では、研究者をめざさない大半の学生には、社会に出たときに武器になる実践的なスキルを身につける教育を、積極的に提供するつもりです。

ＡＩとデジタルツールは必須教養

では、今この時代に必要な、社会で役に立つ大学での学びとは、どのようなものでしょうか。

社会は、将来の見通しがますます不透明になっています。一方、既存の大学では専門分化が進んでいます。こうした状況の中で、社会は、単に専門知識を持っているだけではなく、専門知識を組み合わせた総合的な知識を持つ人材を求めています。そのつなぎ役となるのが、デジタルやＩＴ、ＡＩです。特に重要なのがＡＩです。

これからは、今までは人間が覚えていた知識をＡＩが覚え、人間はその使い方さえわかっていればいいという時代になります。これまで何年もかかって勉強した専門家しか持っていなかった知識を、ＡＩに尋ねることができるだけの素人が得られる時代がやってきます。

そうなると、これからの人間は、ひとつの専門分野に特化するのではなく、ＡＩの助けを借りながら、複数の専門分野をカバーするような人材になることが有利になります。さまざまな分野の科目をひとつの学部で学べるというＺＥＮ大学の方式は、実はＡＩ時代に有利になるように設計されているのです。

また、さまざまな学問を学べるということだけでなく、学ぶ過程でどのようにＡＩを活用していけばいいかが実践的にわかるように設計されているカリキュラムがたくさんあるのです。

たとえばＺＥＮ大学では、いわゆる外国語科目のかわりに、外国の文献や情報をＡＩなどのデジタルツールを活用して、翻訳して理解するという科目が多数あります。歴史的に見ても、日本の大学で外国語を学ぶのは、欧米の文献を翻訳して学ぶために始まりました。そういう意味ではＡＩを使って外国の文献を効率的に学ぶというのは、日本の大学本来の目的を、より忠実に現代のテクノロジーを使って果たしているると言えるでしょう。英語を学ぶことそのものが重要なのではなく、英語で書かれている情報をいかに吸収するかが重要なのです。

ＡＩが進化した現在では、機械翻訳ツールやＡＩを使ったほうが、今までよりはるかに効率的に、大量の外国語の論文や文献を読むことができる。だから僕たちは、いわゆる外国語科目ではなく、たとえば「竹内薫教授と一緒に科学誌『ネイチャー』を読む」という内容の科目など、実践的なかたちで外国語の重要な情報を理解する科目をつくりました。また、松尾研（松尾豊氏の研究室）が東京大学でおこなっているDeep Learningの入門講座とほぼ同じ内容の本格的なＡＩを学ぶ科目もあれば、ＡＩ活用の最前線で活躍している深津貴之講師からリアルタイムで最新のＡＩ動向を学ぶ科目もあります。これについてはＡＩの進化があまりにも速いため、録画放送ではなく生放送でおこないます。

また、ちょっと毛色の変わったところでは、イラストの描き方を教えるなどの科目も重視しています。具体的には、イラスト、マンガ、小説作品の投稿プラットフォーム

「pixiv」と提携して、マンガ家の赤坂アカ氏とアートディレクターの有馬トモユキ氏を客員教授に迎え、第一線で活躍している現役の人気クリエイターによる20科目を用意しています。これらの科目では、デジタル社会に欠かせないイラストを中心に、デザインやマンガ、アニメーションなど、さまざまなクリエイティブ領域の知識やスキルを学ぶことができます。

内容的には芸術系の大学にも匹敵するカリキュラムになっていて、プロのクリエイターをめざす学生にも魅力あるカリキュラムになっていますが、ZEN大学がめざすところは別にあります。

これも実社会で役に立つ科目だと考えているからです。

企業で出世するサラリーマンとは、どういうスキルを持った人たちでしょうか? 出世するにはいろいろな理由があると思いますが、昔から言われているのは、しゃべるのが上手い人と文章を書くのが上手い人です。そういう人は、どんな業界でも評価されやすいのです。IT時代だと、もうひとつ、プレゼン資料をつくるのが上手い人です。

自分でつくらず他社に発注するような場合でも、どうつくるべきか、どこを直すべき

イラスト、マンガ、小説作品の投稿プラットフォーム「pixiv」と提携して、一流の現役クリエイターによる20科目を用意

かを的確に指示・指摘できる人間は評価されやすいでしょう。

また、知名度の高い一流の現役講師を招くのも、最新、最良の知識を身につけるためという意味だけでなく、だれから教わったかということが、実社会で役立つ能力を学生が持っていることを、より説得力を持って示す要素だからです。

なぜ日本財団と連携するのか

オンライン大学に対して、リアルな体験が乏しくなるという懸念を持つ人は多いと思いますが、僕たちはN高と同じように、卒業資格取得のための授業科目の外で、リアルな体験を提供することに力を入れています。

そのための強力なパートナーが日本財団です。ドワンゴが日本財団と提携したきっかけは、たまたま専務理事を務めている笹川順平さんと僕の家が隣同士だったことです。お互いの子どもの年齢が近く、一緒に遊ばせているだけで、最初は仕事の話なんて一切しませんでした。ただ、だんだんとお互いがなにをやっているかがわかってくる中で、次第に「これは子どもたちだけじゃなく、僕らも一緒に仕事をしても良いのでは？」と思うようになったのです。

日本財団については、知れば知るほど面白い活動をしている組織であることがわかりました。海外ではウクライナ避難民やミャンマーの紛争被害者を支援しています。世界中でハンセン病対策事業にも取り組んでいます。特にミャンマーでは、国軍と反政府武装勢力との両方に信頼されていて、人道的停戦の仲介もおこなっていることを知って驚愕しました。

先述したように、Ｎ高でも「人生を変えるような体験」をテーマにさまざまな体験の場を用意してきましたが、国内外の多様な機関とのパイプを持つ日本財団と連携することで、ＺＥＮ大学でもさまざまな体験の舞台をつくろうとしています。

日本財団というと、ボートレースの収益を元に、さまざまな事業をおこなっていることで知られています。日本財団の主な財源であるボートレースからの年間収益は、およそ８００億円にのぼります。この金額は、国の年間予算に比べれば決して大きいとは言えませんが、８００億円も社会貢献のためだけに使えるという点で、非常に特別で貴重な資源です。国の予算は、全国民への公平な分配を前提としているため、どうしても広く薄く使わざるを得ません。一方で日本財団のような民間の立場であれば、現場の課題や緊急性に応じて優先順位をつけ、的確に資金を集中させることができます。その結果、限られた資源であっても、社会に対して大きなインパクトを生み出すことが可能になるのです。このような柔軟性と機動力を活かすためにも、日本財団のような民間セクターを国家のパートナーとして活用する余地は、まだまだ広がっていくべきだと考えています。

日本最大の通信制高校をつくったドワンゴと、日本最大級の民間団体である日本財団とのタッグは、考え得るかぎり最強の組み合わせだと思います。N高でも力を入れていた地域や企業と連携した職業体験プログラムやインターンシップ、留学プログラムなどの課外活動が、日本財団によって、大学生向けにさらに本格的なプログラムを提供できるようになりました。日本国内だけでなく、海外も含めた豊富なプログラムを実装し、オンラインとリアルの両方に強い大学をつくろうとしているのです。

３５００人の卒業生が就職できるのか

時折、ＺＥＮ大学を卒業した学生の就職先について質問を受ける機会があります。本当にオンラインの大学なんかに入学して、就職先があるのだろうかという疑問です。

ＺＥＮ大学には、卒業生を就職できるような人材に育成する明確なビジョンがあります。ちょっと年配の方にしか通用しないたとえ話なのですが、ＰＣ－98とかが販売されていた時代を覚えている方はいるでしょうか？　パソコンが世の中に普及し始めた時代、ネットも始まったばかりの時代です。

そう、30年ほど前を振り返ると、パソコンを使えて、ＥｘｃｅｌやＷｏｒｄなどのソフトを使いこなせる人がどの職場でも重宝されていました。上の世代の人のほとんどはパソコンが苦手だったため、ファイルのコピーができるだけの若者でも便利な存在として活躍したのです。

ＺＥＮ大学が育成しようとしている人材像は、そんなに難しいものではありません。

パソコンの時代にパソコンがちょっとできる人材が重宝されたように、ネットとＡＩの時代にちょっとネットとＡＩができる人材を養成しようとしているだけなのです。

30年ほど前にパソコンが使えた人というのは、今の時代で言うと、ネットやＳＮＳを使いこなしている人、動画の収録や編集ができる人にあたるでしょうか？　さらに今後は、ＡＩツールを使いこなせることが求められるでしょう。ＡＩに翻訳させて、外国人とやりとりするだけでも、ＡＩを使いこなせない旧世代の大人にとっては有用な人材に見えるでしょう。

そういう人材は、就職できると思いませんか？

実はネットの学校として、ＺＥＮ大学よりも先にスタートしたＮ高の卒業生は、まさにデジタルが得意だと評判がいいのです。

大学設置認可の過程では、定員としている人数の学生の確保が可能かどうか、また卒業した学生たちが就職できるのかという見通しについての調査結果を、文科省に提出する必要があります。そこで僕たちは、全国の商工会議所や実際にＮ高で卒業生を採用していただいた企業を一つひとつ回って、ＺＥＮ大学の卒業生を採用する可能性がどれだけあるかを尋ねてきました。結果、ネットやデジタルに強い学生は企業から大いに求められていることが確認できました。特に地方の中小企業では、そうした人材を採用できる機会がほとんどないため、デジタルに強い学生は非常に重宝されるという感触を得ました。

現代の日本ではコミュニケーション能力が高い人材が就職に有利ですが、これからの時代はデジタルコミュニケーション能力が高い人材の価値がますます上がるはずです。通信制だと一般の学校に比べてコミュニケーション能力が伸びないんじゃないかという心配をする人はとても多いのですが、デジタルコミュニケーション能力であれば、通信制のほうが高くなります。

ちなみにあまり知られていませんが、N高生が受けた外部の学力テストの結果を見ると、高校1年次から2年次にかけて国語の成績が向上し、全受験者の平均を大きく上回ります。N高は数学と英語の補習授業はおこなっていますが、国語はなにもやっていません。なのに、なぜ国語の学力がN高に入学するだけで上がるのかと言えば、先生や友だちとのやりとりがメールやチャットなどの文字ベースであることが原因であるとしか考えられません。普段から文章でコミュニケーションしているから国語力が上がるのです。模試で測ることはできないので、N高生のデジタルコミュニケーション能力がどれくらい他の高校生を上回るかといった統計データはありませんが、おそらく、国語以上に差が付いていると思います。

プログラミングのような高度なスキルでなくても、たとえば、インスタグラムでの宣伝や、動画編集のスキルを持つ人材は意外と少ない。こうしたデジタルスキルを持つ人材はN高生にはゴロゴロいるのです。ZEN大生についても、僕たちはデジタルスキルの強い人材を育成し、社会に輩出できると考えています。そして、全国の企業からも強いニーズがあることをすでに確認しています。

ダブルメジャー大学院構想

ZEN大学に入学する学生の中には、少数かもしれませんが、研究者になりたい、あるいはその才能を持つ人たちもいるでしょう。僕たちは、そういった人を受け入れる環境も整えたいと考えています。そのための取り組みとして、ＺＥＮ大学がスムーズに立ち上がれば、第1期生が卒業する２０２９年までに大学院を設立することも視野に入れています。

その際には「ダブルメジャー（複数専攻）」を必須にしたいと考えています。

日本では学問の発展にともない専門分化が進みすぎた結果、分野をまたがった学際研究が重要であると叫ばれてから久しいですが、専門分化はより深刻になる一方で、学際研究はまったく盛り上がっていません。その理由は明らかで、研究が徒弟制度に基づいているからです。教授の下に弟子がつく構造では、分野をまたいで学びづらく、また、研究者が将来就くポストも獲得しづらいので、優秀な学生ほど学際研究を敬遠する傾向にあります。

日本の大学教育の改革というと、「優秀な学生には飛び級を認めろ」という話がよく出ますが、学問が発展した現在においては飛び級よりも、むしろ大学に長くいることで、広い範囲の学問を身につけることのほうが大事ではないでしょうか？　科学技術も学問もこんなに発展しているのに、大学を卒業する年齢がずっと変わらないということがおかしいのです。

学際研究が上手くいかないのも当たり前で、お互いの専門分野を知らない二人の研究者をマッチングしたところで、相手の専門分野には遠慮して口を出さないのでは、お見合いになるだけです。両方の分野に詳しい研究者を育成することが重要なのです。

ＺＥＮ大学では研究成果を確実に出す研究者を育成するために、ダブルメジャーを必須にした大学院をつくりたいと考えています。

さて、ダブルメジャーにして学際的な研究を進めると、日本の場合はどちらの分野でもポストが見つからず就職が難しくなるという問題があります。そのためダブルメジャーの研究者が、むしろ奨学金や研究者としての給与が得やすい仕組みをセットでつくりたいと考えています。この授業料だけでなく、生活費も含めて保証することが重要です。

具体的には、現在の日本では、多くの若手研究者が「学振を取る」（日本学術振興会特別研究員に採用される）ことをめざしますが、学振にはバイト禁止などの制約がありま す。僕たちはひとつの目安として、学振よりも得な支援制度をつくりたいと考えていま す。企業にも協賛してもらい、学際研究を進める学生が、「学際研究をすると就職が難しくなる」という不安を感じるのではなく、むしろ「確実に社会に求められる」と実感することが重要だと思っています。

ダブルメジャーと言っても、成功するための方法論として、まずは「数理系あるいはＡＩ＋なにか」の組み合わせに絞って始める計画です。たとえば、数学に詳しい経済学者やＡＩを活用できる人文学の研究者は、これからの時代に非常に強力な存在となるはずです。10年後には、その学問分野をリードする研究者も輩出できるでしょう。この取り組みを通じて、新しい学際研究者育成のモデルを実現したいと考えています。

数学・ＡＩ・文化研究で世界に挑む

新設のオンライン大学が低いレベルで見られることを避けるために、僕たちは教育だけでなく研究にも力を入れるつもりです。

ひとつは数学の宇宙際《うちゅうさい》タイヒミューラー（ＩＵＴ）理論です。京都大学数理解析研究所の望月新一教授がＡＢＣ予想を証明するＩＵＴ理論を提唱しましたが、理論が膨大すぎて検証が大変難しいため、世界の数学界で認められているとは言えない状況になっています。

ＺＥＮ大学では、日本が生み出した大理論の流れを支援すべく、ＩＵＴの研究拠点を日本につくろうと考えています。２０２３年７月に発表しましたが、ＩＵＴ理論に関する数学的議論に決着をつけた人に１００万ドルの賞金を出します。新設大学の目玉として、ＩＵＴ普及のための活動をおこなっていこうと考えています。

そして、ＺＥＮ大学の研究機関である「ＺＥＮ数学センター（ＺＭＣ）」の所長に望月教授の親友である加藤文元《ふみはる》東京科学大学（旧・東京工業大学）名誉教授、そして副所長にヨーロッパでＩＵＴ理論の普及を先導されている数学者のイヴァン・フェセンコ氏を迎えることになりました。ＺＭＣでは、ＩＵＴ理論にとどまらず、これからの時代の数学のあり方を変えそうなコンピュータによる証明、さらにはＡＩによる証明に取り組んでいきます。

もうひとつは「第二松尾研」の設置です。東京大学大学院の松尾豊教授は、ＡＩ研究の第一人者です。東京大学大学院の松尾・岩澤研究室（松尾研）はさまざまな企業や他大学と共同研究をしていることで知られています。AIは今後、数理科学など工学的なエリアだけではなく、人文科学にも応用される未来が目に見えているのですが、日本ではそれに向けて動き始めているとは言えません。そこで、ZEN大学にも松尾研究室をつくり、「人文系＋AI」の新しい研究者によるコミュニティをつくっていきたいと思います。

人文学においては、アカデミア内の研究だけでなく、世の中に発信していくメディアを確保することも大事だと考えています。この点では、哲学者の東浩紀氏に授業をお願いするとともに、彼が創業したゲンロンが運営するゲンロンカフェともコラボしています。学生は、第一線で活躍する研究者や作家、評論家らが繰り広げる対話型講座のイベントに参加することで、幅広い知見を得る機会を持つことができます。

もうひとつの柱が、エンタメに関する歴史を研究するプロジェクト「コンテンツ産業史アーカイブ研究センター（HARC）」です。

このプロジェクトは、ITやゲーム、マンガ、アニメ、ネット文化をつくりあげてきた業界のキーパーソン、クリエイター、技術者などに取材をして、それらのインタビューを一次資料として記録していくというものです。

日本にもマンガやゲームの研究者は、実は多くいるのですが、産業界で認知されているわけではありません。企業も必ずしも歴史的な研究に協力的ではありません。そのようなところの橋渡しができるのが、ＫＡＤＯＫＡＷＡが教育事業に関わる大きな意味です。アカデミアと産業界をつなげて歴史を編纂するようなプロジェクトを大きな事業として進めていこうと思っています。そして、研究の成果を基本的には無料で世の中に公開することを考えています。大学は２０２５年に始まりますが、こちらは初年度からかなり具体的にスタートしたいと思っており、一部はすでに始まっています。

海外ではフランスのファッション、米国の映画などのように、自国が強い伝統的な産業は、必ずアカデミズムの対象となっています。そのことによって産業を支える理論的な整備をおこない、次世代の人材を生み出し、ひいては産業力の強化に寄与しているのです。日本では産業のノウハウが企業内にしか蓄積しない仕組みになっていて、これでは長期的な産業競争力を維持するのが難しくなります。

日本がまだ強いとされるコンテンツ産業を中心に、まずは学問の対象とするための一次資料を整備するのがＨＡＲＣの目標です。

この歴史プロジェクトでは、『月刊ニュータイプ』の元編集長である井上伸一郎氏、『週刊ファミ通』の元編集長である浜村弘一《ひろかず》氏にＺＥＮ大学の客員教授となっていただき、アカデミアと産業界の橋渡しをしていただこうと思っています。

アニメやゲームなどの世界では、たとえばコミックマーケット（コミケ）などの大イベントにおいても、その歴史的なデータを公的には収集するのが難しかったという経緯があります。海外を含め、たくさんのイベントのデータを収集していくことも、ひとつの事業としてトライしようと思っています。実際に海外でコミケイベントを手掛けている事務局などの事業者とも話を進めているところです。

これからの大学

僕たちがＺＥＮ大学を設立したのは、Ｎ高生から「大学もつくってほしい」という声が多数あったことがきっかけですが、最終的な決断をした理由は、ＺＥＮ大学をつくることで、既存の大学ではできない領域を広くカバーできると確信したからです。今の大学の多くは、デジタルインフラも社会の最先端とは到底言えません。そもそも初期のインターネットは、大学間のネットワークとして発展したにもかかわらずです。教育内容も、新しいデジタル時代に対応するためには、もっと違うものが必要でしょう。しかし少子化もあって、大学自体に新しいことに挑戦する余力が乏しいのが現実です。

地方の大学は、どれだけ支援しても維持すること自体が難しくなってきています。日本の財政状況を考えると、地方の大学が整理されていく中で、ＺＥＮ大学のような学校が地方の教育を支える役割を果たすことは、合理的な話だと思います。

この厳しい現実を踏まえると、地方大学がオンライン化を進めて生き残る道を模索することも今後増えるでしょう。世の中にとっても、すでにＺＥＮ大学という先行事例があれば類似の取り組みがしやすくなるため、僕たちの存在はひとつのメルクマールとなるはずです。

海外では、学部をひとつにしたＺＥＮ大学とは逆の例ですが、先述したアリゾナ州立大学のように、オンラインで学位を得られる多様なコースを設けている例もあります。

たとえば、消防士になるためのスキルを習得するコースなど、非常に専門的なコースが存在します。全国の大学に同じ学科があるのは無意味ですが、「日本で学べるのはこの大学しかない」という学科やコースがあれば、それは大きな魅力になります。このような専門性の高い学科はオンライン大学と非常に相性が良いのです。地方の大学でも、オンライン化を進めながら専門性を高め、全国から学生を集めることが可能です。アリゾナ州立大学はその成功例です。

ＺＥＮ大学も、大学の世界にどれだけ影響と刺激を与えられるかが、その評価に直結すると思います。僕らが成功することで、逆に日本の他の大学が変わるようなきっかけを生み出したいと願っています。

終章

教育とビジネス

過熱する受験熱

「はじめに」で、僕は10年以上にわたって教育事業にどっぷりと浸かり、今では教育業界は天職ではないかと思うまでに至った、と記しました。

でも、それまでビジネスに携わってきた僕は、教育を仕事にしようなんて、これっぽっちも思っていませんでした。そんな僕がかつて受験生だったとき、どんな体験をしていたのか、少し触れておきましょう。

僕が高校生だった１９８０年代頃は、受験勉強なんてあまりしないのが普通でした。特に公立高校だとエンジンがかかり始めるのは高校３年生の夏、部活を引退してからの人たちが多かった。だから、公立高校だと1年浪人して大学に入学するのが普通でした。僕は私立高校だったので、学校での大学受験対策は、もっと早期から始まりますが、生徒が勉強し始めるのは、結局、高３の夏からだったと思います。私立でなければ、僕も浪人していたに違いありません。

実のところ、僕の場合、大学受験勉強は実質2ヶ月ぐらいしかしていません。そもそも僕は中学生時代からプログラミングが得意で、ドラゴンクエストのメインプログラマーだった中村光一という高卒の大スターに憧れていて、あと何年か早く生まれていれば、中村光一みたいになれたんじゃないかとか思うぐらいで、むしろ大学なんて行かなくてもいいやと思っていたほどですから。

ところが、今の若い子たちの状況はどうでしょう？　高3どころか中学生、いや小学生からものすごく貴重な時間を受験勉強に吸い取られている人たちが少なくありません。受験生を支える保護者も、家計のやりくりで四苦八苦している。「中受離婚」という言葉さえあって、中学受験で夫婦がもめて離婚するケースも目立つのだとか。冷静に考えると、子どもの数は親である僕らの時代と比べて減っているから、本来は入りやすくなっているはずなのに、とんだ悲劇です。

こういうおかしな構造を丸ごと解体したい。大学入試のために無駄な時間とお金を費やすのはやめましょう。それが、ZEN大学を通して、僕が世の中に一番訴えたいメッセージです。

今は「大学全入時代」とさえ言われていますが、そもそもみんな、なぜ当たり前のように大学へ進学するのでしょうか？　なにが勉強したくて行くのか、実際にわかっている人たちは多くはないでしょう。

企業だって、欲しい人材はいわゆる地頭の良い子であるはずなのに、受験勉強で嵩増しされたにせものの地頭の良い人材を採用しているなんて、本末転倒です。

日本社会の活力や国際競争力から考えても、大学受験の過熱はマイナスでしかありません。

理論武装の必要性

N高を設立した際、教育業界は理屈っぽいイデオロギーを振りかざす人が他業界に比べて多いことに気づきました。ドワンゴのようなＩＴ企業が教育に関わることに対して批判的な意見もよく出ました。そこで僕たちは、しっかりと理論武装をしようと決めたのです。

教育業界で語られるイデオロギー的なものの問題点は、実践をともなっていないことです。教育には時間がかかるし、イデオロギーの正しさの検証には多大な労力と権力が必要です。ゆえに、正しいかどうかの実証実験がないままに議論だけがなされている。こういう不毛な議論に巻き込まれるのだけはやめよう、理屈ではなく実践して結果を出していこうというのが、僕らがN高をつくるときに最初に決めたことのひとつです。

世間一般では、「民間は効率的で、役所は非合理的だ」とよく言われます。しかし、それは市場競争がある場合の話です。日本で最も遅れている部分は、公金が注入されながらも主導権が民間にある分野のように思います。その典型例のひとつが大学であり、これらの分野では自主的な改革が起こりにくい状況にあります。

市場競争があると、経済合理性が追求され、ある程度最適化が進みます。もちろん経済合理性だけが追求されると教育的にマイナスのことが起こるのはそのとおりでしょう。しかし、今の日本の教育業界は、経済合理性による市場競争がある程度起こったほうがましな状態だと思います。

競争がないために、なにもしないのが一番楽な状態では、人間はやらない理由を探す能力が発達します。新しいことをやるだけで批判されることが多い教育業界をつくっているのは、こういう構造だと思います。

ネットの学校のN高やZEN大学をつくる僕らも、新しいことをやっていますから、いずれ批判の雨にさらされるのは火を見るよりも明らかでしょう。

どうやって、教育業界の理不尽な批判から逃れればいいかを考えて、僕たちは教育業界の明らかな矛盾をピックアップし、それを解決する姿を世の中に見せようと決意しました。格差の問題しかり、実学軽視と実際の大学卒業生の進路の矛盾しかりです。ZEN大学はこの矛盾を解消する役割を果たすことができる。教育業界で批判ばかりしている人も、教育業界に属している以上、本質的には正義の人です。明らかに正しいおこないをしているかぎり、なかなか批判はされないだろうと信じたのです。同時に、掲げた正義を本当に実行すれば、理屈先行の教育業界の中において説得力を持つことができると考えたのです。

文科省が悪の権化なのか

公教育の議論になると、多くの人が「文科省のせいでまともな教育ができない」と批判します。でも本当にそうでしょうか。過去、文科省はいろいろな改革を試みてきました。たとえば、「ゆとり教育」や「英語入試改革」などです。しかし、それらの取り組みが世論の反発を受け、結果として潰されてしまったという歴史があります。

ゆとり教育は「日本の教育水準を下げた」と激しく批判されました。その結果、詰め込み教育へと逆戻りしてしまいました。今の子どもたちが苦しんでいる、先述したような詰め込み教育は、ゆとり教育の否定から始まったものです。

戦後の詰め込み教育への反省そのものは正しいものでしたが、ゆとり教育を世間が否定したことで、詰め込み教育がさらに強化されてしまいました。はたしてそれは望ましい方向性でしょうか。

現在、N高が取り組んでいる、能動的な参加を促す「アクティブラーニング」や、理解度や習熟度に合わせて学習内容を調整する「アダプティブラーニング」といった教育手法は、実はゆとり教育がめざしていた方向性の延長線上にあります。もしゆとり教育が潰されていなければ、こうした手法はもっと早く日本の教育に浸透していたはずです。N高が実践していることは、とりたてて新しいわけではなく、ある意味で文科省の示した改革案の流れに沿ったものなのです。

だからこそ、文科省が改革を試みるたびに批判を浴びせ、結果として潰してしまう一方で、「教育が変わらないのは文科省のせいだ」と責任を押しつけるのはフェアではないと思います。改革というものは、正しく進めるのが難しいものですし、しばしば失敗するものです。でも、その都度改善していけばいいわけで、改革そのものを「やるな」と言うのは筋違いでしょう。

しかしながら教育業界には、改革になんらかの瑕疵《かし》があれば、改革そのものを全部やめろというタイプの批判をする人が非常に多いのです。これがなにごとにおいても改革の進みにくい教育業界の構造をつくりだしていると思います。そして、責任がすべて文科省に押しつけられているのです。

僕たちは文科省の指示どおりに運営しているわけではありません。ただ、僕たちが「これをやるべきだ」と考えるアイディアは、実はすでに文科省でやるべきだという指針が過去に出ていることが多いのです。

N高では2019年より、投資家の村上世彰氏を特別顧問に招き、「投資部」という実際にお金を投資する部活を実施しています。株式の運用資金を学校から投資部の生徒一人あたり20万円提供し、生徒は実際に株の売買をおこない、損失が出ても負担する必要はなく、かわりに利益が出たら生徒はそのまま受け取ることができます。これは世の中から非常に評価されているのですが、現行の学習指導要領にも「金融教育を推進する」ことが示されています。また、2020年より「政治部」という部活を立ち上げ、初回の講師に麻生太郎氏を招いたほか、与党・野党にかかわらず現職の国会議員や自治体首長を招き、議論を繰り広げながら生徒たちは政策提言もおこなっています。これも「主権者教育を推進する」という文科省の指導に基づくものです。しかし、こうした取り組みを実施している学校はまだ少ないのが現状です。理由はシンプルで、多くの学校にとっては手間がかかる割に、目に見えるメリットが少ないからです。授業料は変わらず入りますし、先生の評価や学校の収益が直接向上するわけでもありません。つまり、インセンティブが働きにくいのです。

この問題は文科省だけの責任ではなく、教育業界全体で考えるべき課題です。文科省だけを批判するのはフェアではありません。

大学も同様です。前章で説明したような大学が抱える矛盾や課題は文科省の責任だと批判されます。しかし、よく調べてみると、教育の主導権は民間にあり、特に大学の自治権は非常に強力です。つまり、改革が起こらない問題の原因は、国の指導が及ばない自治権を持っている大学側にあるのです。

文科省は新しい方針を示しても、方針に従うかどうかを決めるのは大学なのです。だから、僕たちは、なにか新しいことを始めるときには、過去の文科省が出した指針や方針を調べて、「いついつの文科省の方針に基づき……」とプレスリリースなどに書くことにしています。大抵の場合は、僕たちが問題だと感じたことに対応する内容が必ず見つかります。それなのに、だれもそれを実行していないだけです。

僕たちが、このように「何年の文科省の方針に従ってこうしています」と常に発表するのは、「N高がまた勝手なことを始めた」と教育業界から余計な批判をされることを避けるためでもありますが、教育がどうあるべきかを、僕たちよりも先に考えた見知らぬ文科省の担当者への敬意でもあるのです。

データ流出事件

最後になりますが、僕たちが起こした批判されてもしょうがない事件についても触れます。

2024年6月、ドワンゴが運営する「ニコニコ」を中心としたサービス群を標的として、サイバー攻撃を受けるという事件が発生しました。その結果、N高グループの個人情報が外部漏洩《ろうえい》してしまいました。

事件後、N高やZEN大学のセキュリティについて、多くの方が心配しておられると思います。ただ、ご理解いただきたいのですが、サイバー攻撃の被害にあったのは、もちろんセキュリティに穴があったことが原因であり、それは完全に僕らの責任ではありますが、ＩＴ企業のドワンゴは決して技術力が低い会社ではないということです。Ｎ高のネットワークセキュリティは、日本の教育界では決して低くはありません。むしろ、最高レベルだと思っています。それは技術的な意味でも、運用面でも言えることです。

それでも今回、サイバー攻撃の被害を受けてしまいました。その経験を経て、セキュリティ対策はさらに強化され、今では「ダントツ」と言えるレベルになったと思います。１００％大丈夫とは言えないのがセキュリティの世界ではありますが、ご理解・ご安心いただければ幸いです。

「善いこと」を追求するのが使命

Ｎ高は開校以来、生徒数が増加の一途をたどっています。２０２１年にS高を開校し、２０２５年４月にはR高を開校しました。それにともなって、２０２４年には全国に69ヶ所あった通学コースのキャンパスも、２０２５年４月には１００ヶ所に拡大しました。

ＺＥＮ大学は、受付開始から１ヶ月を経ずして出願者数が１０００人を突破しました。

おそらく今後、N高やZEN大学に対してさまざまな批判が寄せられると思いますが、僕たちはそれに対して、「N高のような学校が増えたほうが日本は良くなる」「ZEN大学が大学教育の矛盾を解決する」と、実績を示すことで対抗するしかないと考えています。

僕は、ドワンゴを立ち上げたときから「意味のあることをやりたい」という願望をずっと持っています。ドワンゴでは、社会からこぼれ落ちたゲーマーや2ちゃんねる（現・5ちゃんねる）に入り浸る人たちを雇ったりしました。ニコニコ動画をつくったときもそうです。ネットに居心地のいい場所をつくれば、それで救われる人がたくさんいるはずだと思ったからです。

また、ニコニコ超会議で政治家を招いたのも、「ネットとリアルの対立を防いで、逆にどうやって結びつけるか」という試みのひとつでした。政治家という存在を身近なものにすることを通して、ネットの人たちに「自分たちが政治を動かしている」という感覚を持ってもらうのが目的でした。

「意味のあることをやる」というのは、願わくば「善をなす」ということでもあります。

ただ、資本主義というルールの中で「善いこと」をやるのは簡単ではありません。僕自身、ずっと悩んでいた時期がありました。たとえば、ドワンゴでネットゲーマーを雇ったことがありますが、結果的にはほとんど全員を解雇することになった。純粋な経営判断としては、メリットよりもデメリットのほうが大きかったからです。ニコニコ超会議にしても、「宣伝になる」という建前でやっていましたが、「本当に何億円も使う必要があるのか？」と問われると、そこには疑問もありました。

結局のところ、普通の会社が本業とは関係のない「善いこと」をしようとすると、必ずなんらかの「言い訳」が必要になります。「これはユーザーのため、世の中のためになる。その結果、会社のブランドや売上にも貢献する（たぶん）」といった具合に。でも、現実には本業が苦しくなれば、余力でやっている「善いこと」は続けられません。ブランドイメージを高めるために「善いこと」をしても、同じことを続けていれば次第に話題にならなくなる。そうなったら、こっそりやめるのが最善手になるわけです。それはもう、ただの「売名」や「偽善」に過ぎません。

ところが、N高をつくってからわかったのは、教育事業というのは「善をなす」行為自体が、そのままビジネスの拡大につながりやすい分野だということです。教育事業は、資本主義と「善いこと」が嚙み合う、非常に稀な分野だと気づきました。これが、今の僕にとって大きなモチベーションになっています。

基本的に、「善をなす」のはお金がかかるものです。資本主義のルールに従えば、「やらないほうがいい」という結論になりがちです。営利企業は、社会の幸福（＝お客さんの幸福）よりも、会社の利益を最大化しようとする傾向があります。ただ、教育事業の場合は「善をなす」ことで結果的に社会が良くなり、その成果が事業の拡大にもつながる。なぜなら、公教育は許認可事業であって、僕たちがどこまで大きくなっていいかは、最終的には世論が決めるだろうからです。ここに僕は可能性を感じています。

ドワンゴでも、ＬＥＤとＡＲ（拡張現実）技術を駆使したライブハウス「ニコファーレ」をつくったり、各政党党首の討論をネット配信する「ネット党首討論」を開催したりして、日本のネット文化に貢献したとは思っています。しかし、ビジネスとして見た場合、かけたコストを回収する見込みは立っていませんでした。当時は「世の中のためになるし、宣伝にもなる！」と言い張っていましたが、役員も含めて「これで将来儲かる」と本気で思っていた人はいなかったでしょう。

一方、N高やZEN大学は、本気で教育業界の問題に向き合っている事業です。僕たちは最新のテクノロジーを活用して教育改革をおこない、教職員の待遇改善にも取り組んでいます。教育は「公」の要素が強い分野ですから、「N高だけでなく、もっと広めるべきでは？」という議論が起きてもおかしくありません。

結局、N高やZEN大学がどれだけ社会にとって必要な存在になるかが、事業の成長に直結すると考えています。「善をなす」ことでN高やZEN大学の影響が広がる。それが教育という分野では成立し得るのです。僕たちがつくる学校が本当に社会にとって「善いもの」だと認められれば、「もっと定員を増やすべきだ」という流れになるでしょう。そうなれば、資本主義の原理とも矛盾せず、社会に貢献し続ける構造がつくれると僕は考えています。

N高やZEN大学に関わる教職員にも、「これは幸せな仕事だ」と伝えています。通常のビジネスでは、良心を捨てたり魂を売ったりする場合がありますが、僕たちは善をなせばなすほど成長できる可能性がある。だからこそ、徹底的に「善いこと」をし続けるのが僕たちの使命なのです。

おわりに

この「おわりに」を書いている2025年3月23日時点で、ZEN大学への出願者は4000名を突破しています。設置認可の遅れにより入学者の出願の受付が昨年の11月にようやくスタートしたことを考えると驚くべき数値です。

僕たちの予想以上にZEN大学が、世の中から求められていて期待されているということでしょう。

すでに授業料を払い込んだ学生たちにZEN大学用のSlackをオープンした告知をしたところ、初日に500人以上がログインをして活発なコミュニケーションがおこなわれていて、すでに何十ものサークルの募集が始まっています。N高ですでに実現していることですが、世界的にも珍しい、コミュニティを重視したオンライン大学として順調なスタートを切ったと言えます。

現在、取り組んでいるのは開学以降のZEN大学のブランディング計画です。大学のイメージを良くすることは、大学が入学者に対してできることとして、ほぼ全員にメリットのある重要テーマだと考えています。

また、本格的なオンライン大学として継続的に授業の質を上げていく体制づくりも重要であり、授業の質と改善方針をどういうスタッフがどのような手順でチェックして決めていくか、また、そのための予算確保の考え方をどうするかは、まさに現在進行形で議論していくテーマです。

世の中からの大きな期待に応えるべく、ZEN大学の中身を計画どおりに実現する努力を、これから積み重ねていきたいと思います。

ZEN大学の設立にあたっては、N高を設立したときと違ってN高の実績があるので成功するに違いないと甘く考えていた関係者は非常に多かったです。実際には数多くの人の奇跡的な努力と献身により、なんとか開学にこぎつけました。あらためて、関わってくださったみなさんに感謝をしたいと思います。

ZEN大学のプロジェクトが本格的に始まってみると、さまざまな部門で進行が遅れ、スタッフメンバーを何度も入れ替える必要がありました。中でも、本来はブランディングの担当者であるにもかかわらず、最終的に大学プロジェクトの全体の進行管理を統括し、メンバーを叱咤激励して開学までの道筋をつけてくれた佐久間彩乃さんには、最大の感謝を捧げます。彼女なくしてZEN大学の開学はできませんでした。

鈴木寛《かん》さんにはN高以来ずっと助言をいただいています。ZEN大学においても数多くの重要な方針が鈴木寛さんの意見を基に設計されました。ZEN大学は、鈴木寛さんが日本の教育改革の本丸として長年取り組まれてきた大学入試改革において、これが欠けているピースじゃないか、という僕なりの回答のつもりです。

山中伸一理事長には、学長以下のZEN大学のコアになる教員を集めていただき、また、大学設置認可の過程では、迷走しがちな現場を見かねて方向性のずれを何度も修正するだけでなく、しまいには何度も自ら申請書類の作文までしていただきました。タイトなスケジュールの中で致命的な事故を起こさずに進行できたのは、山中さんのおかげです。

個人的な話になります。もう10年近く前になりますが、数学を真面目に勉強したいとふと思い立ち、ネットで家庭教師を募集しました。三人の若い数学徒が名乗り出てくれて、それからずっと数学の勉強を週に2、3回続けているのですが、三人ともZEN大学のプロジェクトを手伝ってくれています。そればかりか、ZEN大学の数理系の教員は、かなり充実させることができたと自負していますが、すべて数学の家庭教師を起点にした人的つながりの中で集まったメンバーです。特に瀬下大輔さんは、僕の家庭教師のひとりが所属していた、社会人向けの数学教室を運営する株式会社すうがくぶんかの代表取締役でしたが、ZEN大学の数学教育を手伝ってほしい、ついては、会社は別の人に任せてZEN大学に集中してほしいという、僕の無茶苦茶なお願いを聞いていただきました。本当に感謝するとともに、心よりお詫び申し上げます。

僕の三人の数学の家庭教師は、どの方も優秀で、僕の人生で出会った中でもとびぬけて頭の良い人たちでした。そういう人でも研究者としてのポストを見つけるのが非常に難しいという現実を知り、彼らのような優秀な若い人に少しでもポストをつくりたいと思いました。僕がZEN大学の設立を決意するに至った、陰の大きな原動力です。あらためて中澤俊彦さん、梅崎直也さん、森脇湧登《ゆうと》さんの三人に感謝します。

個人的な話を続けますが、数年前に自宅のお隣に引っ越してきたのが笹川順平さんです。子どもの年齢が近く、一緒に遊ばせているうちにお互いの仕事の話になり、いつのまにかZEN大学を一緒につくることになりました。ZEN大学のプロジェクトはこれで成功できると、僕が確信した瞬間でもあります。ドワンゴと日本財団のタッグは、日本の教育を根本から変えるという野心的な挑戦において、最良のチームだと思っています。二人を近所だからと結びつけてくれた小林りんさんにも感謝いたします。

外部からはわかりづらいのですが、ZEN大学のプロジェクトだけでなくN高についても、多くの意思決定はドワンゴ社長の夏野剛と僕の二人でおこなっています。これは、僕が本質的に企画屋であり、マネジメントが苦手かつやる気もないからです。NTTドコモ時代からずっと面倒を見ていただいている夏野さんには頭が上がりません。

ZEN大学のプロジェクトに関わった人は上記以外にもたくさんいますが、長くなりますので割愛させていただきます。僕の手掛けた仕事の中でも、とびぬけて多くの人に力を貸していただきました。自慢のチームです。みんなありがとう。

僕らのチームではない人でも、ZEN大学の設立に非常に貢献していただいたと思うのが、ZEN大学の設置認可を担当していただいた審議会のみなさんです。寄せられる厳しい質問の陰には、ZEN大学という新しい試みを否定するのではなく、むしろ期待するがゆえに、僕らの本気さを問う、そういったものが多かったと感じました。審査によってZEN大学の計画はより精緻になり、完成度を上げることができました。ZEN大学の審査を担当された方々は非公開ですので、どなたなのか名前はわかりませんが、ここでこっそりと感謝の意を示したいと思います。

この本を執筆するにあたってのパートナーは斎藤哲也さんです。拙著『コンテンツの秘密』以来の2度目のコンビですが、今回も僕のあっちこっち話が飛びまくるインタビューから、ちゃんと一貫した筋の通った下書きを構成してくれました。この本の実質的なライターです。

また、こういう謝辞における定型文にはなりますが、突発的な真夜中の打ち合わせなどが多いZEN大学のプロジェクトの間、家庭を守って支えてくれた僕の妻にも感謝します。ちなみに妻は経済産業省に勤めていて、結婚した際に、「あなたには〝公〟に奉仕するという精神が欠けている」と何度も叱られました。僕が教育事業に乗り出したきっかけでもあります。

また、二人の可愛い娘にもとびっきりの感謝を。

彼女たちに通わせる学校、受けさせたい教育で、今の日本に欠けているのはなにか？という問いを、この10年間はずっと考えさせられていたように思います。その答えの一部がN高とZEN大学に詰まっています。

最後になりますが、まだ、できてもいないZEN大学のプロジェクトに期待し、信じてくれたたくさんの人、好意的な報道をしてくれたメディアのみなさん、出願していただいたみなさん、その他、応援してくれた見知らぬたくさんの方々に心からの感謝を捧げます。

2025年3月23日　家族の寝静まった休日に

川上量生

川上量生　Kawakami Nobuo

1968年生まれ。91年に京都大学工学部卒業。同年株式会社ソフトウェアジャパン入社。97年に株式会社ドワンゴ設立。通信ゲーム、着メロ、動画サービス、教育などの各種事業を立ち上げる。現在、株式会社ドワンゴ顧問、学校法人角川ドワンゴ学園理事、株式会社KADOKAWA取締役。『コンテンツの秘密――ぼくがジブリで考えたこと』(NHK出版新書)、『ニコニコ哲学――川上量生の胸のうち』(日経BP社)、『ルールを変える思考法』(KADOKAWA／中経出版）など著書多数。

中公新書ラクレ 843

教育《きょういく》ZEN《ぜん》問答《もんどう》

N高《えぬこう》をつくった僕《ぼく》らが大学《だいがく》を始《はじ》める理由《りゆう》

2025年 5 月10日発行

著者……川上量生《かわかみのぶお》

発行者……安部順一

発行所……中央公論新社

〒100-8152 東京都千代田区大手町 1-7-1

電話……販売 03-5299-1730　編集 03-5299-1870

URL https://www.chuko.co.jp/

本文印刷…三晃印刷　カバー印刷…大熊整美堂　製本…フォーネット社

Published by CHUOKORON-SHINSHA, INC.
Printed in Japan ISBN978-4-12-150843-0 C1237

中公新書ラクレ　好評既刊

ラクレとは…la clef＝フランス語で「鍵」の意味です。
情報が氾濫するいま、時代を読み解き指針を示す
「知識の鍵」を提供します。

L401
大学教員　採用・人事のカラクリ
櫻田大造 著

大学教員になるための秘訣・裏ワザを一挙公開！　新学部設置や、採用人事に携わり、業界の内部事情に通じた現役教員が、「採る側の論理」を明かす。給与、昇進、派閥、公募、コネ、雑務……等々の赤裸々な実態も、取材とデータをもとに公開。大学教員への就職活動の成功事例、失敗事例を数多く紹介し、採用の決め手が何なのかを検証。団塊世代の定年退職で市場が動く今こそ、新たな「傾向と対策」を！

L465
若者と労働
――「入社」の仕組みから解きほぐす
濱口桂一郎 著

新卒一括採用方式、人間力だのみの就活、ブラック企業、限定正社員、非正規雇用……様々な議論の中でもみくちゃになる若者の労働問題。日本型雇用システムの特殊性とは？　そして、現在発生している軋みの根本原因はどこにあるのか？　日本型雇用の状況だけでなく、欧米の成功例・失敗例を織り交ぜて検証する。労働政策に造詣の深い論客が雇用の「入口」に焦点を当てた決定版。感情論を捨て、ここから議論を始めよう。

L543
教えて！　校長先生
渋谷教育学園はなぜ共学トップになれたのか
田村哲夫 著

新設校から全国屈指の進学校へと急成長した「渋幕」。女子校を共学化する学校改革に成功した「渋渋」。東大合格者数を急増させた両校のメソッドを校長が明かす。他方、受験勉強だけに特化せず、いちはやく取り組んだ海外大学進学など、グローバル化に対応した学校運営や、自由な校風で生徒の個性を開花させる学校生活、行事も紹介。人気№1水卜麻美アナ、闘莉王選手、日本マイクロソフト社長ら、卒業生インタビューも充実。

L551

ちっちゃな科学

——好奇心がおおきくなる読書&教育論

かこさとし＋福岡伸一 著

子どもが理科離れしている最大の理由は「大人が理科離れしている」からだ。ほんのちょっとの好奇心があれば、都会の中にも「小自然」が見つかるはず——90歳の人気絵本作家と、生命を探究する福岡ハカセが「真の賢さ」を考察する。おすすめの科学絵本の自薦・他薦ブックガイドや里山の魅力紹介など、子どもを伸ばすヒントが満載。NHKで放送され、話題を呼んだ番組「好奇心は無限大」の対談を収録。

L686

増補版 教養としてのプログラミング講座

田中亜紀子 著

もの言わぬ機械とコミュニケーションをとる手段、「プログラミング」。その歴史から簡単な作成、生活に役立つテクニックなどを網羅し、たった一冊でプログラマーの思考法を手に入れることを可能としたのが『教養としてのプログラミング講座』である。「もはやそれは誰もがまなぶべき教養」というメッセージを掲げたロングセラーをこのたび増補。小中学校で必修となる2020年刊行する。ジョブズにゲイツ、現代の成功者はどんな世界を見ている？

L708

コロナ後の教育へ

——オックスフォードからの提唱

苅谷剛彦 著

教育改革を前提から問い直してきた論客が、コロナ後の教育像を緊急提言。オックスフォード大学で十年余り教鞭を執った今だからこそ、伝えられること——そもそも二〇二〇年度は新指導要領、GIGAスクール構想、新大学共通テストなど一大転機だった。そこにコロナ禍が直撃し、オンライン化が加速。だが、文科省や経産省の構想は、格差や「知」の面から諸問題をはらむという。以前にも増して地に足を着けた論議が必要な時代に、処方箋を示す。

L709

ゲンロン戦記

——「知の観客」をつくる

東　浩紀 著

「数」の論理と資本主義が支配するこの残酷な世界で、人間が自由であることは可能なのか？「観客」「誤配」という言葉で武装し、大資本の罠、敵／味方の分断にあらがう、東浩紀の「生き延び」の思想。哲学とサブカルを縦横に論じた時代の寵児は、2010年、新たな知的空間の構築を目指して「ゲンロン」を立ち上げ、戦端を開く。いっけん華々しい戦績の裏にあったのは、予期せぬ失敗の連続だった。ゲンロン10年をつづるスリル満点の物語。

L731

どの子も違う

――才能を伸ばす子育て　潰す子育て

中邑賢龍　著

個性が強い子どもたち。突出した才能に恵まれても、そのうちのいくらかは問題児扱いされて居場所を失い、結果として不登校などになりがちだ。そんな彼らに学びの場を提供する東大先端研「異才発掘プロジェクトROCKET」でディレクターを務めるのが著者だ。教科書も時間割もないクラスで学ぶものとは？「成績が良ければ優秀」な時代は過ぎた？最先端の研究の場で得られた知見を一冊に集約し、子どもの才能を伸ばす子育て法を伝授！

L732

膨張GAFAとの闘い

――デジタル敗戦
霞が関は何をしたのか

若江雅子　著

GAFAにデータと富が集中している。日本がそれを易々と許した一因に、にわかに信じがたい法制度の不備がある。国内企業に及ぶ規制が海外勢には及ばない「一国二制度」や、EUに比べて遥かに弱い競争法やプライバシー規制、イノベーションを阻害する時代遅れの業法……。霞が関周辺にはそれらに気づき、抗おうとした人々がいた。本書はその闘いの記録であり、また日本を一方的なデジタル敗戦に終わらせないための処方箋でもある。

L738

とがったリーダーを育てる

――東工大「リベラルアーツ教育」
10年の軌跡

池上　彰＋上田紀行＋伊藤亜紗　著

高校で文系と理系に振り分けられ、結果、理系の知識が乏しい人たちが社会を動かす官僚や政治家などになり、一方の理系学生といえば、世の中のことに無関心で、興味あることだけに取り組みがちだ。しかし、「これではいけない。日本のリーダーにもっと理系の人材を」。2011年、そんな思いを込めて東工大は「リベラルアーツセンター」を発足した。あれから10年。日本中から注目を浴びる東工大の挑戦のすべてを明かした。

L740

教育論の新常識

――格差・学力・政策・未来

松岡亮二　編著

入試改革はどうなっているのか？　今後の鍵を握るデジタル化の功罪は？　いま注目の20のキーワード（GIGAスクール、子どもの貧困、ジェンダー、九月入学等）をわかりやすく解説。編著者の松岡氏は、研究が「教育の実態を俯瞰的に捉えた数少ない正攻法」（出口治明氏）と評される、「2021年日本を動かす21人」（『文藝春秋』）のひとり。ベストセラー『「学力」の経済学』の中室牧子氏、文部科学省の現役官僚ら総勢22名の英知を集結。

L755

メタ認知
――あなたの頭はもっとよくなる

三宮真智子 著

頭のよさとは何か？　その答えの鍵となるのが、「メタ認知」。自分の頭の中にいて、冷静で客観的な判断をしてくれる「もうひとりの自分」。それが「メタ認知」だ。この「もうひとりの自分」がもっと活躍すれば、「どうせできない」といったメンタルブロックや、いつも繰り返してしまう過ち、考え方のクセなどを克服して、脳のパフォーマンスを最大限に発揮することができる！　認知心理学、教育心理学の専門家が指南する、より賢い「頭の使い方」。

L798

大学職員のリアル
――18歳人口激減で「人気職」はどうなる？

倉部史記 著＋若林杏樹 マンガ

大学職員は「年収一千万円以上で仕事も楽勝」と噂の人気職だが、はたして真相は？　私立大学の元職員である二人の著者が、学生や外部からは見えにくい組織のピンキリな舞台裏を明かしつつ、18歳人口が激減する業界の将来不安、職員が抱えがちなキャリアの悩み、教員との微妙な関係性、そして高度専門職としてのモデルや熱い想いを伝える。それでも大学職員を志す人、続けていきたい人、辞めようかどうか迷っている職員のための必読書。

L812

校長の力
――学校が変わらない理由、変わる秘訣

工藤勇一 著

「壇上のエラい人」は何をする人？　管理職になるための道筋とは？　実績を上げる校長はどこが凄いの？　ＰＴＡ、教育委員会、議会との関係は？――現職校長が知られざる実態を明らかに。著者は『学校の「当たり前」をやめた。』で反響を呼んだ麴町中学校・前校長。現在、校長を務める横浜創英中学・高校の改革も適宜紹介。その気になれば、校長はここまでできる！　全教員必携の経営論・人材育成論にして、保護者向け永久保存版テキスト。

L817

男子校の性教育2.0

おおたとしまさ 著

東大合格ランキングで上位を占める一方、「男尊女卑」「セクハラ体質」と批判され、「ホモソーシャル」の巣窟ともみなされがちな男子校。ただし全国に２％しか存在せず、その内実を知るひとは少ない。独自アンケートをふまえ、男子校で始まっている先駆的な「包括的性教育」をルポ。92％の高校が共学なのにいつまでも男女差別がなくならない日本社会の謎に迫る。これからの時代に重要なのは、グローバル教育やＳＴＥＡＭ教育よりも性教育！